目 录

项目一　新能源汽车维护

任务1　新能源汽车使用与检查

学生姓名		班级		学号	
实训场地		学时		日期	
客户任务	你被安排到售后车间负责新能源汽车的维护与维修。今天正好有一批新能源汽车进入你的门店,需要对它们做一次严格的PDI,你能够完成这个任务吗?				
工作准备	(1)防护装备:常规实训着装; (2)车辆、台架、总成:北汽新能源纯电动汽车,丰田普锐斯混合动力电动汽车(以下简称丰田普锐斯),或其他同类新能源汽车; (3)专用工具、设备:汽车举升机; (4)手工工具:组合工具; (5)辅助材料:无				
任务要求	(1)能够正确执行新车PDI; (2)能够认识和更换熔断丝; (3)能够检查和维护低压蓄电池				

📓 **资讯**

请阅读教材中的"相关知识",完成以下内容。

(1)新能源汽车新车磨合与传统汽车有何区别?

_____

_____

(2)新能源汽车磨合期阶段性的检查维护包括哪些内容?

_____

_____

(3)如何正确起动新能源汽车?

_____

_____

(4)新能源汽车特殊的故障警告灯的含义及处理方法是什么?

_____

_____

(5)新能源汽车常规的检查流程是什么?

_____

_____

计划和决策

请根据任务要求,确定所需要的场地和物品,并对小组成员进行合理分工,制订详细的工作计划。

一 制订人员分工

小组编号:＿＿＿＿＿＿＿＿＿＿＿ 组长:＿＿＿＿＿＿＿＿＿＿＿＿＿＿

小组成员:＿＿＿＿＿＿＿＿＿＿＿＿＿＿＿＿＿＿＿＿＿＿＿＿＿＿＿＿＿＿＿＿

你的任务:＿＿＿＿＿＿＿＿＿＿＿＿＿＿＿＿＿＿＿＿＿＿＿＿＿＿＿＿＿＿＿＿

二 准备场地及物品

检查并记录完成任务需要的场地、设备、工具及材料。

1.场地

检查工作场地是否清洁及存在安全隐患,如不正常,请向教师汇报并及时处理。

记录:＿＿＿＿＿＿＿＿＿＿＿＿＿＿＿＿＿＿＿＿＿＿＿＿＿＿＿＿＿＿＿＿＿

2.车辆、充电桩及其他

(1)车辆:＿＿＿＿＿＿＿＿＿＿＿＿＿＿＿＿＿＿＿＿＿＿＿＿＿＿＿＿＿＿＿

(2)充电桩:＿＿＿＿＿＿＿＿＿＿＿＿＿＿＿＿＿＿＿＿＿＿＿＿＿＿＿＿＿＿

(3)其他:＿＿＿＿＿＿＿＿＿＿＿＿＿＿＿＿＿＿＿＿＿＿＿＿＿＿＿＿＿＿＿

3.防护装备、设备及工具

(1)防护装备:＿＿＿＿＿＿＿＿＿＿＿＿＿＿＿＿＿＿＿＿＿＿＿＿＿＿＿＿

(2)设备及工具:＿＿＿＿＿＿＿＿＿＿＿＿＿＿＿＿＿＿＿＿＿＿＿＿＿＿＿

4.安全要求及注意事项

(1)实训汽车停在实训工位上,没有经过教师批准不可起动。经教师批准起动前,首先应先检查车轮的安全顶块是否放好,驻车制动器操纵杆是否拉好,变速器操纵杆是否放在 P 挡位置上(A/T),确认车前是否有人。

(2)禁止触碰任何带安全警示标识的部件。

(3)实训期间禁止嬉戏打闹。

三 制订工作方案

根据任务,小组进行讨论,确定工作方案(流程/工序),并记录。

＿＿＿＿＿＿＿＿＿＿＿＿＿＿＿＿＿＿＿＿＿＿＿＿＿＿＿＿＿＿＿＿＿＿＿＿＿＿

＿＿＿＿＿＿＿＿＿＿＿＿＿＿＿＿＿＿＿＿＿＿＿＿＿＿＿＿＿＿＿＿＿＿＿＿＿＿

实施和检查

根据制订的计划实施,完成以下任务并记录。

(1)本操作任务主要是在掌握新能源汽车基本使用与检查的理论知识基础上,对新能源汽车能够进行规范的 PDI,并完成新车 PDI 表。

新 车 PDI 表

车身颜色:＿＿＿＿＿＿＿　　车架号:＿＿＿＿＿＿＿　　检查日期:＿＿＿＿＿＿＿

外观与内饰	□内部与外观缺陷(如变形、擦伤、锈蚀及色差等) □油漆、电镀部件和车内装饰 □关闭车门检查缝隙情况 □车窗玻璃有无划痕 □随车物品、合格证、工具、备胎、使用说明书 □VIN 码、铭牌 □示廓灯及牌照灯 □前照灯(远近光)、雾灯开关 □制动灯和倒车灯	室内检查与操作	□制动踏板高度与自由行程 □加速踏板自由行程与操作 □转向盘自由行程 □收音机调节 □转向盘自锁功能 □驻车制动调节 □遮阳板、内后视镜 □室内照明灯 □前后座椅安全带及安全带提示灯	点火开关及车门装置	□组合仪表灯及性能检查 □门灯、儿童锁 □车门、门锁工作是否正常 □门边密封条接合情况 □钥匙的使用情况 □滑动门的工作情况,必要时加润滑脂 □蓄电池和起动机的工作及各警告灯的显示情况 □手动车窗及开关
机舱	□制动液液位及机油压力过低警告灯 □发动机机油液位(混合动力电动汽车) □冷却液液位及浓度 □玻璃清洗剂液位 □节气门 □离合器		□座椅靠背角度及头枕调整 □加油盖的开启 □手套箱的开启及锁定 □前后风窗刮水器及清洗器的工作情况 □点烟器及喇叭的操作		
底部及悬架装置	□底部状态及排气系统 □制动管路有无泄漏或破损 □轮胎气压(包括备胎)(前轮:220kPa;后轮:250kPa) □燃油系统管路有无泄漏或破损 □悬架的固定 □确认保安件螺栓力矩		□变速器液位 □确认所有车轮螺栓力矩 □齿轮、齿条护罩情况	驾驶试验	□制动器及驻车制动的效果 □转向盘检查与自动回正 □变速器换挡操作 □离合器、悬架装置工作情况
热态检查	□燃油、防冻剂、冷却液、制动液及废气的渗漏 □冷却风扇的工作情况		□蓄电池电压≥12V,怠速时≥13.5V □热起动性能　□有无其他异响		
故障描述					
处理方法					

注:以上检查项目合格打"√",异常打"×"。

(2)检查完成后,找到并更换前照灯的主熔断丝。

提示:指导教师提前设置故障。

①前照灯熔断丝状况:_____

_____

_____

②记录:_____

_____

(3)蓄电池检查与维护。

①蓄电池状况:_____

_____

②记录:_____

_____

_____

评估

根据任务完成情况,学生自我评分,教师或指定组长过程巡视/验收检查时,若发现问题直接扣分。

评估项目(分值)	自我评估	小组评估	教师评估
资讯(5)			
计划和决策(5)			
实施和检查(10)			
合计(20)			
总评			

教师签名:_____

任务 2　新能源汽车常规维护

学生姓名		班级		学号	
实训场地		学时		日期	
客户任务	你的主管要求你负责对一辆纯电动汽车执行常规 B 级维护,完成后并及时向车主反馈情况,你能完成这个任务吗?				
工作准备	(1)防护装备:常规实训装备; (2)车辆、台架、总成:比亚迪 e6 纯电动汽车(以下简称比亚迪 e6)或其他纯电动汽车;丰田普锐斯或其他混合动力电动汽车; (3)专用工具、设备:汽车举升机,齿轮油加注器,废油收集车; (4)手工工具:组合工具,机油滤清器拆装扳手; (5)辅助材料:干抹布,润滑脂,防冻液,润滑油,机油滤清器				
任务要求	(1)能够正确使用新能源汽车维护计划表; (2)能够正确使用工具对新能源汽车进行日常维护				

资讯

请阅读教材中的"相关知识",完成以下内容。

(1)纯电动汽车维护项目和内容是什么?

_____

_____

(2)混合动力电动汽车的维护项目和内容是什么?

_____

_____

计划和决策

请根据任务要求,确定所需要的场地和物品,并对小组成员进行合理分工,制订详细的工作计划。

一　制订人员分工

小组编号:_____　　　　组长:_____

小组成员：_____

你的任务：_____

二 准备场地及物品

检查并记录完成任务需要的场地、设备、工具及材料。

1.场地

检查工作场地是否清洁及存在安全隐患,如不正常,请向教师汇报并及时处理。

记录：_____

2.车辆、充电桩及其他

(1)车辆：_____

(2)充电桩：_____

(3)其他：_____

3.防护装备、设备及工具

(1)防护装备：_____

(2)设备及工具：_____

4.安全要求及注意事项

(1)实训汽车停在实训工位上,没有经过教师批准不可起动。经教师批准起动前,首先应先检查车轮的安全顶块是否放好,驻车制动器操纵杆是否拉好,变速器操纵杆是否放在P挡位置上(A/T),确认车前是否有人。

(2)禁止触碰任何带安全警示标识的部件。

(3)实训期间禁止嬉戏打闹。

三 制订工作方案

根据任务,小组进行讨论,确定工作方案(流程/工序),并记录。

_____

_____

_____

_____

实施和检查

根据制订的计划实施,完成以下任务并记录。

(1)本操作任务主要完成对纯电动汽车的日常B级维护操作,并结合具体的维护操作,完成下面的表格(在操作完成项目上打"√")。

纯电动汽车日常 B 级维护表

系统类别	检查内容	处理方法	B 级维护	
			项目	配件及材料
动力电池系统	安全防护	检查并视情况处理		
	绝缘	检查并视情况处理		
	插接件状态	检查并视情况处理		
	标识	检查并视情况处理		
	螺栓紧固力矩	检查并视情况处理		
	动力电池加热功能检查	检查并视情况处理		
	外部检查	清洁处理		
	数据采集	分析并视情况处理		
电机系统	安全防护	检查并视情况处理		
	绝缘	检查并视情况处理		
	电机和控制器冷却功能	检查并视情况处理		
	外部	清洁处理		
电器电控系统	机舱及各部位低压线束防护及固定	检查并视情况处理		
	机舱及各部位插接件状态	检查并视情况处理		
	机舱及底盘高压线束防护及固定	检查并视情况处理		
	机舱及底盘各高、低压电器固定及插接件连接状态	检查,视情况处理,并清洁		
	蓄电池	检查电量状态,并视情况处理		
	灯光、信号	检查并视情况处理		
	充电口及高压线	检查并视情况处理		
	高压绝缘检测系统	检查并视情况处理		
	故障诊断系统报警检测	检测、检查并视情况处理		
制动系统	驻车制动器	检查效能并视情况处理		
	制动装置	泄漏检查		
	制动液	液位检查		视情况添加制动液
	制动真空泵、控制器	检查(漏气)并视情况处理		
	前后制动摩擦片	检查并视情况更换		
转向系统	转向盘及转向管柱连接紧固状态	检查并视情况处理		
	转向机本体连接紧固状态	检查并视情况处理		
	检查转向拉杆间隙及防尘套	检查并视情况处理		
	转向助力功能	检查并视情况处理		

续上表

系统类别	检查内容	处理方法	B 级维护	
			项目	配件及材料
车身系统	风窗玻璃及刮水器	检查并视情况处理		添加风窗玻璃洗涤剂
	天窗	检查并视情况处理		
	座椅及滑道	检查并视情况处理		加注润滑油
	门锁及铰链	检查并视情况处理		
	机舱铰链及锁扣	检查并视情况处理		
	行李舱铰链及锁	检查并视情况处理		
传动系统及悬架装置	变速器(减速器)	检查变速器连接、紧固及渗透情况		
	传动轴	检查球笼间隙及护罩并视情况处理		
	轮毂	检查、紧固,视情况处理		
	轮胎	检查胎压,并视情况处理		
	副车架几个悬架装置连接状态	检查紧固		
	前后减振器	检查渗漏情况并紧固,并视情况更换		
	机舱铰链及锁扣	检查并视情况处理		
冷却系统	冷却液液位及冰点	液位及冰点测试,视情况添加		冬季时检测冰点,视情况添加冷却液
	冷却管路	检查渗漏情况并处理		
	水泵	检查渗漏情况并处理		
	散热水箱	检查并清理		

(2)纯电动汽车常规维护项目操作。

根据实训室配置,以比亚迪 e6 为例,进行纯电动汽车常规维护操作。

①比亚迪 e6 变速器润滑油的检查。

记录:＿＿＿＿＿＿＿＿＿＿＿＿＿＿＿＿＿＿＿＿＿＿＿＿＿＿＿＿＿＿＿

②比亚迪 e6 变速器润滑油的更换。

记录:＿＿＿＿＿＿＿＿＿＿＿＿＿＿＿＿＿＿＿＿＿＿＿＿＿＿＿＿＿＿＿

(3)混合动力电动汽车常规维护项目操作。

根据实训室配置,以丰田普锐斯为例,进行混合动力电动汽车常规维护操作。

①丰田普锐斯机舱的液位检查。

记录:＿＿＿＿＿＿＿＿＿＿＿＿＿＿＿＿＿＿＿＿＿＿＿＿＿＿＿＿＿＿＿

②丰田普锐斯冷却液的更换。

记录:＿＿＿＿＿＿＿＿＿＿＿＿＿＿＿＿＿＿＿＿＿＿＿＿＿＿＿＿＿＿＿

评估

根据任务完成情况,学生自我评分,教师或指定组长过程巡视/验收检查时,若发现问题直接扣分。

评估项目(分值)	自 我 评 估	小 组 评 估	教 师 评 估
资讯(5)			
计划和决策(5)			
实施和检查(10)			
合计(20)			
总评			

教师签名:_____

项目二　新能源汽车故障诊断技术基础

任务1　新能源汽车基本故障诊断策略

学生姓名		班级		学号	
实训场地		学时		日期	
客户任务			如果有一辆新能源汽车出现了故障,你能够通过仪表上的警告灯,初步判断是哪个系统出现了故障吗? 你认为应该如何排除当前故障?		
工作准备			(1)防护装备:绝缘防护装备; (2)车辆、台架、总成:纯电动汽车;丰田普锐斯或同类混合动力电动汽车; (3)专用工具、设备:故障诊断仪; (4)手工工具:组合工具; (5)辅助材料:无		
任务要求			能够根据故障现象,学会分析和建立基本的故障诊断思路		

📓 资讯

请阅读教材中的"相关知识",完成以下内容。

(1)描述新能源汽车的基本故障诊断策略。

_____

_____

(2)描述新能源汽车主要指示灯/警告灯的功能含义。

_____

_____

(3)描述新能源汽车主要指示灯/警告灯诊断的优先级。

_____

_____

(4)常见新能源汽车主要指示灯/警告灯的原因及诊断方法是什么?

_____

_____

(5)新能源汽车故障诊断前有哪些注意事项?

_____

_____

(6)新能源汽车故障诊断前有哪些准备工作?

_____

_____

(7)描述新能源汽车故障诊断与维修基本步骤。

_____

_____

(8)描述新能源汽车诊断与修理后检验步骤。

_____

_____

📓 计划和决策

请根据任务要求,确定所需要的场地和物品,并对小组成员进行合理分工,制订详细的工作计划。

一 制订人员分工

小组编号:_____ 组长:_____

小组成员:_____

你的任务:_____

二 准备场地及物品

检查并记录完成任务需要的场地、设备、工具及材料。

1.场地

检查工作场地是否清洁及存在安全隐患,如不正常,请向教师汇报并及时处理。

记录:_____

2.车辆、充电桩及其他

(1)车辆:_____

(2)充电桩:_____

(3)其他:_____

3.防护装备、设备及工具

(1)防护装备:_____

(2)设备及工具:_____

4.安全要求及注意事项

(1)实训汽车停在实训工位上,没有经过教师批准不可起动。经教师批准起动前,首先应先检查车轮的安全顶块是否放好,驻车制动器操纵杆是否拉好,变速器操纵杆是否放在 P

挡位置上(A/T),确认车前是否有人。

(2)禁止触碰任何带安全警示标识的部件。

(3)实训期间禁止嬉戏打闹。

三 制订工作方案

根据任务,小组进行讨论,确定工作方案(流程/工序),并记录。

_____

_____

_____

_____

实施和检查

根据制订的计划实施,完成以下任务并记录。

警告:在执行高压车辆诊断及维护前,务必佩戴完好的个人防护装备,并严格遵守正确的操作步骤!

根据现有实训车辆,完成以下实操:

(1)起动车辆,并在仪表自检过程中,观察以下警告灯,并完成表格中所标识的含义填写。

警 告 灯	含 义

(2)分组讨论,当上述表格中车辆高电压系统动力驱动系统关闭警告灯点亮后,具体的诊断思路和步骤是什么。

①诊断的基本思路,如先应该问询或观察什么,再做初步的检查等。

记录:_____

_____

②对车辆故障指示灯检查可使用的方法有哪些,包括工具、设备等。

记录:_____

_____

③编写一个可供参考的诊断流程,这将基于使用诊断仪检查后发现存在电机分解器传感器故障码的情况。

诊断流程:_____

_____

评估

根据任务完成情况,学生自我评分,教师或指定组长过程巡视/验收检查时,若发现问题直接扣分。

评估项目(分值)	自我评估	小组评估	教师评估
资讯(5)			
计划和决策(5)			
实施和检查(10)			
合计(20)			
总评			

教师签名:_____

任务2　诊断仪的使用与诊断数据分析

学生姓名		班级		学号	
实训场地		学时		日期	
客户任务		如果你的主管要求你去调取一辆客户反映故障车辆的故障码和与故障码相关的关键数据信息,你能正确使用对应车型的诊断仪并读取到你需要的信息吗?			
工作准备		(1)防护装备:绝缘防护装备; (2)车辆、台架、总成:比亚迪 e6;丰田普锐斯;或同类车型; (3)专用工具、设备:ED 400 诊断仪、GTS 专用诊断仪;或适用的同类仪器; (4)手工工具:组合工具; (5)辅助材料:无			
任务要求		(1)能够正确使用 ED 400 诊断仪或同类仪器对纯电动汽车进行诊断与数据分析; (2)能够正确使用 GTS 专用诊断仪或同类仪器对混合动力电动汽车进行诊断与数据分析			

资讯

请阅读教材中的"相关知识",完成以下内容。

(1)新能源汽车故障自诊断有哪些内容?

_____

_____

(2)描述新能源汽车故障自诊断过程。

_____

_____

(3)描述比亚迪 ED 400 诊断仪的功能与使用方法。

_____

_____

(4)描述丰田 GTS 诊断仪的功能与使用方法。

_____

_____

计划和决策

请根据任务要求,确定所需要的场地和物品,并对小组成员进行合理分工,制订详细的工作计划。

一 制订人员分工

小组编号：_____ 组长：_____

小组成员：_____

你的任务：_____

二 准备场地及物品

检查并记录完成任务需要的场地、设备、工具及材料。

1. 场地

检查工作场地是否清洁及存在安全隐患，如不正常，请向教师汇报并及时处理。

记录：_____

2. 车辆、充电桩及其他

（1）车辆：_____

（2）充电桩：_____

（3）其他：_____

3. 防护装备、设备及工具

（1）防护装备：_____

（2）设备及工具：_____

4. 安全要求及注意事项

（1）实训汽车停在实训工位上，没有经过教师批准不可起动。经教师批准起动前，首先应先检查车轮的安全顶块是否放好，驻车制动器操纵杆是否拉好，变速器操纵杆是否放在 P 挡位置上（A/T），确认车前是否有人。

（2）禁止触碰任何带安全警示标识的部件。

（3）实训期间禁止嬉戏打闹。

三 制订工作方案

根据任务，小组进行讨论，确定工作方案（流程/工序），并记录。

_____

_____

_____

_____

_____

实施和检查

根据制订的计划实施,完成以下任务并记录。

警告:在执行高压车辆诊断及维护前,务必佩戴完好的个人防护装备,并严格遵守正确的操作步骤!

根据现有实训车辆,完成以下实操:

(1)比亚迪 e6 数据流的读取。

①数据流记录:_____

_____

②异常数据流分析:_____

_____

(2)丰田普锐斯故障码的读取、数据流读取和执行主动测试。

①故障码内容及含义:

_____

_____

②数据流记录:

_____

_____

③异常数据流分析:

_____

_____

④主动测试记录:

_____

_____

评估

根据任务完成情况,学生自我评分,教师或指定组长过程巡视/验收检查时,若发现问题直接扣分。

评估项目(分值)	自 我 评 估	小 组 评 估	教 师 评 估
资讯(5)			
计划和决策(5)			
实施和检查(10)			
合计(20)			
总评			

教师签名:_____

项目三　纯电动汽车故障诊断与排除

任务1　纯电动汽车电池系统故障诊断与排除

学生姓名		班级		学号	
实训场地		学时		日期	
客户任务	一辆比亚迪 e6 因为动力电池存在故障而无法行驶,动力故障灯点亮。你的主管已经初步做了诊断,确定故障的范围应该在电池管理器或高压配电箱上,要求你来负责诊断并排除这辆汽车的故障,你能完成这个任务吗?				
工作准备	(1)防护装备:绝缘防护装备; (2)车辆、台架、总成:比亚迪 e6 或其他纯电动汽车,或同类车型台架; (3)专用工具、设备:比亚迪故障诊断仪,万用表,动力电池举升机; (4)手工工具:组合工具;绝缘拆装工具; (5)辅助材料:诊断与维修必要的熔断丝等耗材				
任务要求	(1)能够进行动力电池组总成更换; (2)能够进行动力电池电压检测; (3)能进行动力电池组及单个电池电压数据检测; (4)能够进行高压配电箱更换				

📔 **资讯**

请阅读教材中的"相关知识",完成以下内容。

(1)描述电池管理系统故障的诊断与排除方法。

①故障症状:

_____

_____

②故障可能原因:

_____

_____

③诊断步骤:

_____

_____

④其他故障的诊断:

_____

_____

⑤电池管理器更换流程：

_____

_____

（2）描述高压配电箱故障的诊断与排除方法。
①故障症状：

_____

_____

②故障可能原因：

_____

_____

③诊断步骤：

_____

_____

（3）描述动力电池故障判断基本思路与注意事项。
①基本判断思路：

_____

_____

②动力电池对外绝缘电阻要求：

_____

_____

计划和决策

请根据任务要求,确定所需要的场地和物品,并对小组成员进行合理分工,制订详细的工作计划。

一 制订人员分工

小组编号：_____ 组长：_____
小组成员：_____
你的任务：_____

二 准备场地及物品

检查并记录完成任务需要的场地、设备、工具及材料。

1.场地

检查工作场地是否清洁及存在安全隐患,如不正常,请向教师汇报并及时处理。

记录：_____

2.车辆、充电桩及其他

(1)车辆：_____

(2)充电桩：_____

(3)其他：_____

3.防护装备、设备及工具

(1)防护装备：_____

(2)设备及工具：_____

4.安全要求及注意事项

(1)实训汽车停在实训工位上，没有经过教师批准不可起动。经教师批准起动前，首先应先检查车轮的安全顶块是否放好，驻车制动器操纵杆是否拉好，变速器操纵杆是否放在 P 挡位置上(A/T)，确认车前是否有人。

(2)禁止触碰任何带安全警示标识的部件。

(3)实训期间禁止嬉戏打闹。

三 制订工作方案

根据任务，小组进行讨论，确定工作方案(流程/工序)，并记录。

_____

_____

_____

_____

实施和检查

根据制订的计划实施，完成以下任务并记录。

本操作任务主要完成对纯电动汽车动力电池系统的故障诊断。

(1)动力电池电压检测。

①记录：_____

_____

②动力电池电压：_____

③电压是否正常：_____

④如果不正常，可能的原因是：_____

(2)动力电池组及单个电池电压数据检测。

①记录：_____

_____

②故障码：_____

③如有故障码,清除后是否再次出现:＿＿＿＿＿＿＿＿＿＿＿＿＿＿＿＿＿

④原因分析:＿＿＿＿＿＿＿＿＿＿＿＿＿＿＿＿＿＿＿＿＿＿＿＿＿＿＿＿＿＿＿

⑤单体电池、均衡累计时间数据:＿＿＿＿＿＿＿＿＿＿＿＿＿＿＿＿＿＿＿＿＿

⑥电池包电压采样数据:＿＿＿＿＿＿＿＿＿＿＿＿＿＿＿＿＿＿＿＿＿＿＿＿＿

⑦电池包温度采样数据:＿＿＿＿＿＿＿＿＿＿＿＿＿＿＿＿＿＿＿＿＿＿＿＿＿

⑧以上数据是否正常:＿＿＿＿＿＿＿＿＿＿＿＿＿＿＿＿＿＿＿＿＿＿＿＿＿＿

⑨如果不正常,可能的原因是:＿＿＿＿＿＿＿＿＿＿＿＿＿＿＿＿＿＿＿＿＿＿

(3)高压配电箱的更换。

记录:＿＿＿＿＿＿＿＿＿＿＿＿＿＿＿＿＿＿＿＿＿＿＿＿＿＿＿＿＿＿＿＿＿＿

＿＿＿＿＿＿＿＿＿＿＿＿＿＿＿＿＿＿＿＿＿＿＿＿＿＿＿＿＿＿＿＿＿＿＿＿＿

(4)动力电池组总成的更换。

记录:＿＿＿＿＿＿＿＿＿＿＿＿＿＿＿＿＿＿＿＿＿＿＿＿＿＿＿＿＿＿＿＿＿＿

＿＿＿＿＿＿＿＿＿＿＿＿＿＿＿＿＿＿＿＿＿＿＿＿＿＿＿＿＿＿＿＿＿＿＿＿＿

评估

根据任务完成情况,学生自我评分,教师或指定组长过程巡视/验收检查时,若发现问题直接扣分。

评估项目(分值)	自 我 评 估	小 组 评 估	教 师 评 估
资讯(5)			
计划和决策(5)			
实施和检查(10)			
合计(20)			
总评			

教师签名:＿＿＿＿＿＿＿

任务 2　纯电动汽车电机及驱动系统故障诊断与排除

学生姓名		班级		学号	
实训场地		学时		日期	
客户任务	车主反映其比亚迪 e6 仪表中 灯点亮,车辆不能行驶。你的主管初步判断是因为电机及驱动系统存在故障,要求你去诊断并找到故障的可能原因。你能完成这个任务吗?				
工作准备	(1)防护装备:绝缘防护装备; (2)车辆、台架、总成:比亚迪 e6 或其他纯电动汽车; (3)专用工具、设备:比亚迪故障诊断仪、万用表、示波器,或其他适用的设备; (4)手工工具:组合工具;绝缘拆装工具; (5)辅助材料:诊断与维修必要的熔断丝等耗材				
任务要求	(1)能够进行旋变传感器的检测; (2)能够进行旋变传感器的波形检测				

资讯

请阅读教材中的"相关知识",完成以下内容。

(1)描述驱动电机控制器故障的诊断与排除方法。

①故障症状:

_____

②故障可能原因:

_____

③诊断步骤:

_____

(2)描述驱动电机故障诊断与排除方法。

①电机起动困难或不能起动:

_____

②电机运行温度过高:

_____

(3)描述驱动电机与控制器冷却系统故障诊断方法。

①电机与控制器过热常见故障排除:

_____

②电机系统过热故障实例分析:

_____

📓 计划和决策

请根据任务要求,确定所需要的场地和物品,并对小组成员进行合理分工,制订详细的工作计划。

一 制订人员分工

小组编号:_____ 组长:_____

小组成员:_____

你的任务:_____

二 准备场地及物品

检查并记录完成任务需要的场地、设备、工具及材料。

1. 场地

检查工作场地是否清洁及存在安全隐患,如不正常,请向教师汇报并及时处理。

记录:_____

2. 车辆、充电桩及其他

(1)车辆:_____

(2)充电桩:_____

(3)其他:_____

3. 防护装备、设备及工具

(1)防护装备:_____

(2)设备及工具:_____

4. 安全要求及注意事项

(1)实训汽车停在实训工位上,没有经过教师批准不可起动。经教师批准起动前,首先应先检查车轮的安全顶块是否放好,驻车制动器操纵杆是否拉好,变速器操纵杆是否放在P挡(A/T)位置上,确认车前是否有人。

(2)禁止触碰任何带安全警示标识的部件。

(3)实训期间禁止嬉戏打闹。

三 制订工作方案

根据任务,小组进行讨论,确定工作方案(流程/工序),并记录。

_____

_____

实施和检查

根据制订的计划实施,完成以下任务并记录。

本操作任务主要完成对纯电动汽车电机及驱动系统的故障诊断。

1)电机旋变传感器的检测

警告:在执行高压车辆诊断及维护前,务必佩戴完好的个人防护装备,并严格遵守正确的操作步骤!

(1)检测控制 ECU 到传感器之间的线路连接情况。

①记录:＿＿＿＿＿＿＿＿＿＿＿＿＿＿＿＿＿＿＿＿＿＿＿＿＿＿＿

＿＿＿＿＿＿＿＿＿＿＿＿＿＿＿＿＿＿＿＿＿＿＿＿＿＿＿＿＿＿＿

②旋变传感器 1 号端子对地电压:＿＿＿＿＿＿＿＿＿＿＿＿＿＿

③旋变传感器 2 号端子对地电压:＿＿＿＿＿＿＿＿＿＿＿＿＿＿

④旋变传感器 3 号端子对地电压:＿＿＿＿＿＿＿＿＿＿＿＿＿＿

⑤旋变传感器 4 号端子对地电压:＿＿＿＿＿＿＿＿＿＿＿＿＿＿

⑥旋变传感器 5 号端子对地电压:＿＿＿＿＿＿＿＿＿＿＿＿＿＿

⑦旋变传感器 6 号端子对地电压:＿＿＿＿＿＿＿＿＿＿＿＿＿＿

⑧以上电压是否正常:＿＿＿＿＿＿＿＿＿＿＿＿＿＿＿＿＿＿＿＿

⑨如不正常,可能的原因是:＿＿＿＿＿＿＿＿＿＿＿＿＿＿＿＿

(2)检测电机控制器插接件端子与电机旋变传感器插头端子之间线束及连接器导通情况。

①记录:＿＿＿＿＿＿＿＿＿＿＿＿＿＿＿＿＿＿＿＿＿＿＿＿＿＿＿

＿＿＿＿＿＿＿＿＿＿＿＿＿＿＿＿＿＿＿＿＿＿＿＿＿＿＿＿＿＿＿

②端子 1 号针脚导通情况:＿＿＿＿＿＿＿＿＿＿＿＿＿＿＿＿＿

③端子 2 号针脚导通情况:＿＿＿＿＿＿＿＿＿＿＿＿＿＿＿＿＿

④端子 3 号针脚导通情况:＿＿＿＿＿＿＿＿＿＿＿＿＿＿＿＿＿

⑤端子 4 号针脚导通情况:＿＿＿＿＿＿＿＿＿＿＿＿＿＿＿＿＿

⑥端子 5 号针脚导通情况:＿＿＿＿＿＿＿＿＿＿＿＿＿＿＿＿＿

⑦端子 6 号针脚导通情况:＿＿＿＿＿＿＿＿＿＿＿＿＿＿＿＿＿

⑧以上数据是否正常:＿＿＿＿＿＿＿＿＿＿＿＿＿＿＿＿＿＿＿＿

⑨如不正常,可能的原因是:＿＿＿＿＿＿＿＿＿＿＿＿＿＿＿＿

(3)测量电机控制器连接器端子对地电阻。

①记录:＿＿＿＿＿＿＿＿＿＿＿＿＿＿＿＿＿＿＿＿＿＿＿＿＿＿＿

＿＿＿＿＿＿＿＿＿＿＿＿＿＿＿＿＿＿＿＿＿＿＿＿＿＿＿＿＿＿＿

②端子第 3 行第 2 号针脚测量其是否接地短路:＿＿＿＿＿＿＿

③端子第 2 行第 1 号针脚测量其是否接地短路:＿＿＿＿＿＿＿

④端子第 1 行第 1 号针脚测量其是否接地短路:＿＿＿＿＿＿＿

⑤端子第 3 行第 1 号针脚测量其是否接地短路:＿＿＿＿＿＿＿

⑥端子第2行第2号针脚测量其是否接地短路：_____
⑦端子第1行第2号针脚测量其是否接地短路：_____
⑧以上数据是否正常：_____
⑨如不正常,可能的原因是：_____
(4)电机旋变传感器检测。
①记录：_____

_____

②电机旋变传感器的1号脚和4号脚之间电阻：_____
③电机旋变传感器的2号脚和5号脚之间电阻：_____
④电机旋变传感器的3号脚和6号脚之间电阻：_____
⑤以上数据是否正常：_____
⑥如不正常,可能的原因是：_____

_____

2)电机旋变传感器的波形检测
(1)记录：_____

_____

(2)传感器波形是否正常：_____
(3)如不正常,可能的原因是：_____
3)驱动电机控制器的更换
(1)提示:根据实训条件选择。
(2)记录：_____

_____

评估

根据任务完成情况,学生自我评分,教师或指定组长过程巡视/验收检查时,若发现问题直接扣分。

评估项目(分值)	自我评估	小组评估	教师评估
资讯(5)			
计划和决策(5)			
实施和检查(10)			
合计(20)			
总评			

教师签名:_____

任务3　纯电动汽车整车动力控制系统故障诊断与排除

学生姓名		班级		学号	
实训场地		学时		日期	
客户任务	有位比亚迪 e6 车主反馈其车辆不能正常驱动,你的主管已经通过诊断仪检查到存在加速踏板位置传感器故障码,现在你被安排继续进行该车辆的维修诊断,你能够完成任务吗?				
工作准备	(1)防护装备:绝缘防护装备; (2)车辆、台架、总成:比亚迪 e6 或其他纯电动汽车,或同类车型的台架; (3)专用工具、设备:比亚迪故障诊断仪、万用表,或其他适用的设备; (4)手工工具:组合工具;绝缘拆装工具; (5)辅助材料:诊断与维修必要的熔断丝等耗材				
任务要求	(1)能够进行典型故障码诊断与排除; (2)能够进行整车控制器(VCU)的更换; (3)能够进行漏电传感器诊断; (4)能够进行加速踏板位置传感器的检测; (5)能够进行 DC/DC 变换器的检测				

资讯

请阅读教材中的"相关知识",完成以下内容。
(1)描述驱动系统输入/输出信号部件故障诊断与排除方法。
①故障症状:

②诊断步骤:

(2)描述高电压系统漏电故障的诊断与排除方法。
①故障症状:

②诊断步骤:

计划和决策

请根据任务要求,确定所需要的场地和物品,并对小组成员进行合理分工,制订详细的工作计划。

一 制订人员分工

小组编号:＿＿＿＿＿＿＿＿＿＿＿ 组长:＿＿＿＿＿＿＿＿＿＿＿＿＿＿＿＿＿

小组成员:＿＿＿＿＿＿＿＿＿＿＿＿＿＿＿＿＿＿＿＿＿＿＿＿＿＿＿＿＿＿＿＿＿＿

你的任务:＿＿＿＿＿＿＿＿＿＿＿＿＿＿＿＿＿＿＿＿＿＿＿＿＿＿＿＿＿＿＿＿＿＿

二 准备场地及物品

检查并记录完成任务需要的场地、设备、工具及材料。

1. 场地

检查工作场地是否清洁及存在安全隐患,如不正常,请向教师汇报并及时处理。

记录:＿＿＿＿＿＿＿＿＿＿＿＿＿＿＿＿＿＿＿＿＿＿＿＿＿＿＿＿＿＿＿＿＿＿＿

2. 车辆、充电桩及其他

(1)车辆:＿＿＿＿＿＿＿＿＿＿＿＿＿＿＿＿＿＿＿＿＿＿＿＿＿＿＿＿＿＿＿＿＿

(2)充电桩:＿＿＿＿＿＿＿＿＿＿＿＿＿＿＿＿＿＿＿＿＿＿＿＿＿＿＿＿＿＿＿＿

(3)其他:＿＿＿＿＿＿＿＿＿＿＿＿＿＿＿＿＿＿＿＿＿＿＿＿＿＿＿＿＿＿＿＿＿

3. 防护装备、设备及工具

(1)防护装备:＿＿＿＿＿＿＿＿＿＿＿＿＿＿＿＿＿＿＿＿＿＿＿＿＿＿＿＿＿＿

(2)设备及工具:＿＿＿＿＿＿＿＿＿＿＿＿＿＿＿＿＿＿＿＿＿＿＿＿＿＿＿＿＿

4. 安全要求及注意事项

(1)实训汽车停在实训工位上,没有经过教师批准不可起动。经教师批准起动前,首先应先检查车轮的安全顶块是否放好,驻车制动器操纵杆是否拉好,变速器操纵杆是否放在 P 挡位置上(A/T),确认车前是否有人。

(2)禁止触碰任何带安全警示标识的部件。

(3)实训期间禁止嬉戏打闹。

三 制订工作方案

根据任务,小组进行讨论,确定工作方案(流程/工序),并记录。

＿＿

＿＿

＿＿

＿＿

实施和检查

根据制订的计划实施,完成以下任务并记录。

本操作任务主要完成对纯电动汽车整车动力系统的故障诊断。

1)典型故障码诊断与排除方法

故障码为 P1B03(欠压保护故障)或 P1B04(过压保护故障)。

(1)记录:_____

_____

(2)检查动力电池电量:_____

(3)数据是否正常:_____

(4)如果不正常,可能的原因是:_____

(5)解决方法:_____

(6)检查动力电池输出电压:_____

(7)数据是否正常:_____

(8)如果不正常,可能的原因是:_____

(9)解决方法:_____

2)VCU 的更换

记录:_____

_____

3)漏电传感器的诊断

(1)记录:_____

_____

(2)起动电池电压:_____

(3)故障码:_____

(4)相关数据流:_____

(5)传感器 2 号脚的对地电压:_____

(6)电池管理器到漏电传感器的供电端子的对地电压:_____

(7)数据是否正常:_____

(8)如果不正常,可能的原因是:_____

(9)解决方法:_____

4)加速踏板位置传感器的检测

记录:_____

_____

(1)电压检测。

①1 号端子(信号 1)信号电压:_____

②2 号端子(参考电源 1)电源电压:_____

③3 号端子(参考电源2)电源电压：_____

④4 号端子(信号2)信号电压：_____

⑤5 号端子(搭铁1)电压：_____

⑥6 号端子(搭铁2)电压：_____

⑦数据是否正常：_____

⑧如果不正常,可能的原因是：_____

⑨解决方法：_____

(2)电阻检测。

①1 号脚和6 号脚电阻：_____

②1 号脚和2 号脚电阻：_____

③2 号脚和6 号脚电阻变化：_____

④3 号脚和5 号脚电阻：_____

⑤3 号脚和4 号脚电阻：_____

⑥4 号脚和5 号脚电阻：_____

⑦4 号脚和5 号脚电阻变化：_____

⑧数据是否正常：_____

⑨如果不正常,可能的原因是：_____

⑩解决方法：_____

5)DC/DC 变换器的检测

(1)记录：_____

_____

(2)正极输出端口 1 电压：_____

(3)正极输出端口 2 电压：_____

(4)数据是否正常：_____

(5)如果不正常,可能的原因是：_____

(6)解决方法：_____

评估

根据任务完成情况,学生自我评分,教师或指定组长过程巡视/验收检查时,若发现问题直接扣分。

评估项目(分值)	自 我 评 估	小 组 评 估	教 师 评 估
资讯(5)			
计划和决策(5)			
实施和检查(10)			
合计(20)			
总评			

教师签名：_____

项目四　混合动力电动汽车故障诊断与排除

任务1　混合动力电动汽车电池系统故障诊断与排除

学生姓名		班级		学号	
实训场地		学时		日期	
客户任务	有一辆丰田普锐斯进站维修,客户反映该车辆不能正常起动,你的主管使用诊断仪检查以后发现动力电池管理模块存在多个故障码,且均指向温度过高。你的主管要求你去处理并修复该故障,你能完成这个任务吗?				
工作准备	(1)防护装备:绝缘防护装备; (2)车辆、台架、总成:丰田普锐斯,或同类混合动力电动汽车台架; (3)专用工具、设备:丰田普锐斯故障诊断仪,万用表; (4)手工工具:组合工具; (5)辅助材料:干净抹布,诊断与维修必要的熔断丝等耗材				
任务要求	(1)能够进行 HV 蓄电池 ECU 供电电压的检测; (2)能够进行 HV 蓄电池冷却系统的电路检测; (3)能够进行 HV 蓄电池温度传感器的检测; (4)能够进行 HV 蓄电池电流传感器的检测				

📓 资讯

请阅读教材中的"相关知识",完成以下内容。

(1)描述丰田普锐斯动力电池故障表现形式。

_____

_____

(2)描述丰田普锐斯动力电池系统的常见故障码有哪些,以及故障可能发生的部位。

_____

_____

(3)描述丰田普锐斯电池典型数据流内容。

_____

_____

(4)描述丰田普锐斯电池系统典型案例诊断步骤。

_____

_____

计划和决策

请根据任务要求,确定所需要的场地和物品,并对小组成员进行合理分工,制订详细的工作计划。

一 制订人员分工

小组编号:_____ 组长:_____

小组成员:_____

你的任务:_____

二 准备场地及物品

检查并记录完成任务需要的场地、设备、工具及材料。

1. 场地

检查工作场地是否清洁及存在安全隐患,如不正常,请向教师汇报并及时处理。

记录:_____

2. 车辆、充电桩及其他

(1)车辆:_____

(2)充电桩:_____

(3)其他:_____

3. 防护装备、设备及工具

(1)防护装备:_____

(2)设备及工具:_____

4. 安全要求及注意事项

(1)实训汽车停在实训工位上,没有经过教师批准不可起动。经教师批准起动前,首先应先检查车轮的安全顶块是否放好,驻车制动器操纵杆是否拉好,变速器操纵杆是否放在 P 挡位置上(A/T),确认车前是否有人。

(2)禁止触碰任何带安全警示标识的部件。

(3)实训期间禁止嬉戏打闹。

三 制订工作方案

根据任务,小组进行讨论,确定工作方案(流程/工序),并记录。

_____

_____

_____

_____

实施和检查

根据制订的计划实施,完成以下任务并记录。

警告:在执行高压车辆诊断及维护前,务必佩戴完好的个人防护装备,并严格遵守正确的操作步骤!

1)丰田普锐斯 HV 蓄电池 ECU 供电电路检测

(1)记录:_____

_____

_____

(2)20A 熔断丝状况:_____

(3)HV 蓄电池负极到 12V 蓄电池之间的连接线路状况:_____

(4)HV 蓄电池 ECU 到 HEV 熔断丝之间的连接线路状况:_____

(5)以上检测是否正常:_____

(6)如不正常,排除方法是:_____

2)丰田普锐斯 HV 蓄电池冷却系统电路检测

(1)记录(故障码的内容及含义):_____

_____

_____

(2)10A 风扇熔断丝状况:_____

(3)蓄电池鼓风机继电器状况:_____

(4)蓄电池鼓风机总成状况:_____

(5)蓄电池鼓风机继电器到风扇熔断丝之间的连接线路状况:_____

(6)蓄电池鼓风机继电器与鼓风机总成之间的连接线路状况:_____

(7)蓄电池鼓风机总成与鼓风机电机控制之间的连接线路状况:_____

(8)蓄电池鼓风机总成与蓄电池 ECU 之间的连接线路状况:_____

(9)蓄电池鼓风机总成与鼓风机电机控制之间的连接线路状况:_____

(10)蓄电池鼓风机继电器与蓄电池 ECU 之间的连接线路状况:_____

(11)以上检测是否正常:_____

(12)如不正常,排除方法是:_____

3)丰田普锐斯 HV 蓄电池温度传感器的检测

(1)记录:_____

_____

_____

(2)故障码和数据流:_____

(3)蓄电池温度传感器的连接线路状况：_____

(4)以上检测是否正常：_____

(5)如不正常，排除方法是：_____

4)丰田普锐斯 HV 蓄电池电流传感器的检测

(1)记录：_____

_____

_____

(2)故障码和数据流：_____

(3)蓄电池 ECU 与蓄电池电流传感器的连接线路状况：_____

(4)检查线束连接器间的电阻状况：_____

(5)以上检测是否正常：_____

(6)如不正常，排除方法是：_____

5)研讨或实车排除以下典型系统故障案例

提示：教师根据条件提前设置故障。

(1)模块供电熔断丝异常的故障。

①故障原因：_____

_____

②排除方法：_____

_____

(2)动力电池冷却系统鼓风机不转的诊断。

①故障原因：_____

_____

②排除方法：_____

_____

评估

根据任务完成情况,学生自我评分,教师或指定组长过程巡视/验收检查时,若发现问题直接扣分。

评估项目(分值)	自我评估	小组评估	教师评估
资讯(5)			
计划和决策(5)			
实施和检查(10)			
合计(20)			
总评			

教师签名：_____

任务2　混合动力电动汽车电机及驱动系统故障诊断与排除

学生姓名		班级		学号	
实训场地		学时		日期	
客户任务	一辆丰田普锐斯,客户反映其车辆不能正常行驶,你的主管已经使用专用的诊断仪检查发现存在电机驱动系统故障。现在需要你去将这个故障进行准确的故障点找出来,你能做到吗?				
工作准备	(1)防护装备:绝缘防护装备; (2)车辆、台架、总成:丰田普锐斯,或同类混合动力电动汽车台架; (3)专用工具、设备:丰田普锐斯故障诊断仪,万用表; (4)手工工具:组合工具; (5)辅助材料:干净抹布,诊断与维修必要的熔断丝等耗材				
任务要求	(1)能够进行驱动系统前轮转动检查; (2)能够进行驱动系统在旋转过程中阻力增加的原因检查				

资讯

请阅读教材中的"相关知识",完成以下内容。

(1)描述混合动力电动汽车电机及驱动系统故障表现形式。

_____

_____

(2)描述混合动力电动汽车电机及驱动系统常见数据流内容。

_____

_____

(3)描述混合动力电动汽车电机及驱动系统典型故障诊断方法。

_____

_____

计划和决策

请根据任务要求,确定所需要的场地和物品,并对小组成员进行合理分工,制订详细的工作计划。

一　制订人员分工

小组编号:_____　　　　组长:_____

小组成员：_____

你的任务：_____

二　准备场地及物品

检查并记录完成任务需要的场地、设备、工具及材料。

1.场地

检查工作场地是否清洁及存在安全隐患,如不正常,请向教师汇报并及时处理。

记录：_____

2.车辆、充电桩及其他

(1)车辆：_____

(2)充电桩：_____

(3)其他：_____

3.防护装备、设备及工具

(1)防护装备：_____

(2)设备及工具：_____

4.安全要求及注意事项

(1)实训汽车停在实训工位上,没有经过教师批准不可起动。经教师批准起动前,首先应先检查车轮的安全顶块是否放好,驻车制动器操纵杆是否拉好,变速器操纵杆是否放在P挡位置上(A/T),确认车前是否有人。

(2)禁止触碰任何带安全警示标识的部件。

(3)实训期间禁止嬉戏打闹。

三　制订工作方案

根据任务,小组进行讨论,确定工作方案(流程/工序),并记录。

_____

_____

_____

_____

实施和检查

根据制订的计划实施,完成以下任务并记录。

1)驱动系统前轮转动检查

(1)记录：_____

_____

（2）前轮能否顺利转动：_____

（3）如不能,可能的原因和排除方法是：_____

2）驱动系统在旋转过程中阻力增加的原因检查

（1）记录：_____

_____

（2）润滑系统：_____

（3）冷却系统：_____

（4）发动机和驱动桥：_____

（5）如不能,可能的原因和排除方法是：_____

3）研讨或实车排除以下典型系统故障案例

提示:教师根据条件提前设置故障。

（1）驱动电机温度传感器异常的故障。

①故障原因：_____

_____

②排除方法：_____

_____

（2）电机分解器传感器异常的故障。

①故障原因：_____

_____

②排除方法：_____

_____

（3）变频器性能的故障。

①故障原因：_____

_____

②排除方法：_____

_____

评估

根据任务完成情况,学生自我评分,教师或指定组长过程巡视/验收检查时,若发现问题直接扣分。

评估项目(分值)	自 我 评 估	小 组 评 估	教 师 评 估
资讯(5)			
计划和决策(5)			
实施和检查(10)			
合计(20)			
总评			

教师签名：_____

任务3 混合动力电动汽车整车动力控制系统 故障诊断与排除

学生姓名		班级		学号	
实训场地		学时		日期	
客户任务	一辆丰田普锐斯,客户反映车辆不能正常起动,你的主管通过使用专用诊断仪检查发现有 HV 蓄电池(动力电池)内接触器(继电器)不能正常工作的故障码。现在你被安排到去继续检查与维修这个车辆,你能完成这个任务吗?				
工作准备	(1)防护装备:绝缘防护装备; (2)车辆、台架、总成:丰田普锐斯,或同类混合动力电动汽车台架; (3)专用工具、设备:丰田普锐斯故障诊断仪,万用表; (4)手工工具:组合工具; (5)辅助材料:干净抹布,诊断与维修必要的熔断丝等耗材				
任务要求	(1)能够进行混合动力电动汽车发动机和动力控制系统故障码读取与清除; (2)能够进行曲轴位置传感器线路检测; (3)能够进行混合动力电动汽车控制器 ECU 和发动机 ECM 线路检测; (4)能够进行 READY 灯和发动机转速检测				

资讯

请阅读教材中的"相关知识",完成以下内容。
(1)描述丰田普锐斯整车动力控制系统故障表现形式。

(2)描述丰田普锐斯整车控制系统典型故障诊断方法。
①因 HV 控制 ECU 模块供电异常导致失去通信的故障:

②混合动力电动汽车发动机不能正常起动的故障:

③混合动力电动汽车接触器断开的故障:

计划和决策

请根据任务要求,确定所需要的场地和物品,并对小组成员进行合理分工,制订详细的工作计划。

一 制订人员分工

小组编号:_____ 组长:_____

小组成员:_____

你的任务:_____

二 准备场地及物品

检查并记录完成任务需要的场地、设备、工具及材料。

1.场地

检查工作场地是否清洁及存在安全隐患,如不正常,请向教师汇报并及时处理。

记录:_____

2.车辆、充电桩及其他

(1)车辆:_____

(2)充电桩:_____

(3)其他:_____

3.防护装备、设备及工具

(1)防护装备:_____

(2)设备及工具:_____

4.安全要求及注意事项

(1)实训汽车停在实训工位上,没有经过教师批准不可起动。经教师批准起动前,首先应先检查车轮的安全顶块是否放好,驻车制动器操纵杆是否拉好,变速器操纵杆是否放在 P 挡(A/T)位置上,确认车前是否有人。

(2)禁止触碰任何带安全警示标识的部件。

(3)实训期间禁止嬉戏打闹。

三 制订工作方案

根据任务,小组进行讨论,确定工作方案(流程/工序),并记录。

_____

_____

_____

_____

_____

实施和检查

根据制订的计划实施,完成以下任务并记录。

1)混合动力电动汽车发动机和动力控制系统故障码读取与清除

(1)记录:_____

_____

(2)故障码内容:_____

(3)如不正常,可能的原因及排除方法是:_____

2)曲轴位置传感器线路检测

(1)记录:_____

_____

(2)检测结果是否正常:_____

(3)如不正常,可能的原因及排除方法是:_____

3)HV 控制 ECU 和发动机 ECM 线路检测

(1)记录:_____

_____

(2)检测结果是否正常:_____

(3)如不正常,可能的原因及排除方法是:_____

4)READY 灯检查

(1)记录:_____

_____

(2)检测结果是否正常:_____

(3)如不正常,可能的原因及排除方法是:_____

5)发动机转速检测

(1)记录:_____

_____

(2)检测结果是否正常:_____

(3)如不正常,可能的原因及排除方法是:_____

6)研讨或实车排除以下典型系统故障案例

提示:教师根据条件提前设置故障。

(1)因 HV 控制 ECU 供电异常导致失去通信的故障。

①故障原因:_____

_____

②排除方法:_____

（2）混合动力电动汽车发动机不能正常起动的故障。

①故障原因：_____

_____

②排除方法：_____

_____

（3）混合动力电动汽车接触器断开的故障。

①故障原因：_____

_____

②排除方法：_____

_____

评估

根据任务完成情况,学生自我评分,教师或指定组长过程巡视/验收检查时,若发现问题直接扣分。

评估项目(分值)	自 我 评 估	小 组 评 估	教 师 评 估
资讯(5)			
计划和决策(5)			
实施和检查(10)			
合计(20)			
总评			

教师签名：_____

职业教育新能源汽车技术专业创新教材

新能源汽车概论（第2版）

新能源汽车高压安全与防护（第2版）

新能源汽车动力电池与驱动电机（第2版）

新能源汽车充电与辅助系统检修

新能源汽车维护与故障诊断（第2版）

智能网联汽车概论

ISBN 978-7-114-15072-2

9 787114 150722 >

定价：46.00元
（含教材 + 任务工单）

"十四五"职业教育国家规划教材

Xinnengyuan Qiche
Weihu yu Guzhang Zhenduan

新能源汽车
维护与故障诊断

（第2版）

北京教盟博飞汽车科技有限公司　组织编写

包科杰　李　健　主　　编

梁海明　贾军涛　魏垂浩　副 主 编

唐学帮　主　　审

人民交通出版社股份有限公司
北京

内 容 提 要

本书是"十四五"职业教育国家规划教材。全书包括 4 个项目、10 个工作任务,主要介绍了新能源汽车维护、新能源汽车故障诊断技术基础、纯电动汽车故障诊断与排除,以及混合动力电动汽车故障诊断与排除的相关知识。

本书可作为职业院校新能源汽车技术专业的教学用书,也可作为汽车维修专业培训用书和相关技术人员的参考书。

图书在版编目(CIP)数据

新能源汽车维护与故障诊断/北京教盟博飞汽车科技有限公司组织编写;包科杰,李健主编. —2 版. —北京:人民交通出版社股份有限公司,2022.2(2024.12重印)
ISBN 978-7-114-15072-2

Ⅰ.①新… Ⅱ.①北… ②包… ③李… Ⅲ.①新能源—汽车—车辆修理—职业教育—教材②新能源—汽车—故障诊断—职业教育—教材 Ⅳ.①U469.707

中国版本图书馆 CIP 数据核字(2021)第 268358 号

书　　名:新能源汽车维护与故障诊断(第 2 版)
著 作 者:北京教盟博飞汽车科技有限公司　包科杰　李　健
责任编辑:时　旭
责任校对:孙国靖　龙　雪
责任印制:张　凯
出版发行:人民交通出版社股份有限公司
地　　址:(100011)北京市朝阳区安定门外外馆斜街 3 号
网　　址:http://www.ccpcl.com.cn
销售电话:(010)85285911
总 经 销:人民交通出版社股份有限公司发行部
经　　销:各地新华书店
印　　刷:北京市密东印刷有限公司
开　　本:787×1092　1/16
印　　张:12.25
字　　数:291 千
版　　次:2017 年 6 月　第 1 版
　　　　　2022 年 2 月　第 2 版
印　　次:2024 年 12 月　第 2 版　第 6 次印刷　总第 12 次印刷
书　　号:ISBN 978-7-114-15072-2
定　　价:46.00 元(含教材 + 任务工单)

第2版前言

近年来,在国家政策的支持下,新能源汽车得到飞速的发展,由此带来的汽车后市场将需要大量新能源汽车销售、维修及其他各方面的服务人才。目前,全国大多数的职业院校开设了新能源汽车专业或新能源汽车相关课程,以满足汽车行业对人才的需求。

为了满足职业院校对新能源汽车教材及教辅资源的需求,由北京教盟博飞汽车科技有限公司和安莱(北京)汽车技术研究院课程开发团队主导,联合汽车行业新能源汽车培训专家和职业院校教育专家,共同编写了这套新能源汽车教材。本套教材以新能源汽车的使用和维修为方向,改变以往新能源汽车课程偏重设计制造技术、导致理论性太强的缺点,使其更符合职业教育的特点及汽车行业实际情况。

本套教材结合新能源汽车相关企业岗位需求,针对企业高频的典型工作任务进行教学加工,以工作过程为主线,以任务驱动为主要形式的开发思路进行编写,包括《新能源汽车概论》《新能源汽车高压安全与防护》《新能源汽车动力电池与驱动电机》《新能源汽车电气技术》《新能源汽车维护与故障诊断》共5种。

为了提高读者的学习兴趣和便于理解,本教材配套开发了多媒体动画及实训视频,并设置了二维码。读者只需要采用智能手机或平板电脑扫描书中对应的二维码,即可学习相关资源的知识。为了方便教师教学,同期开发了教材配套的教学资源,包括课程标准、教学设计、任务工单、教学课件、配套试题、实训视频、多媒体动画、维修案例等。更多的教学资源请登录新能源汽车资源库(地址为 http://edu.885.com)。

由于新能源汽车技术及车型更新换代快速,国家及行业相关的政策法规、技术标准也持续出台,开发第2版教材势在必行。开发团队对原版教材中已经过时的内容进行同步更新,同时修订部分不妥甚至错误的内容。第2版教材采用彩色印刷,图文并茂,提升了教材整体的品质和可阅读性。

《新能源汽车维护与故障诊断(第2版)》条理清晰,层次分明;全面、形象、生动地阐述了新能源汽车维护与故障诊断相关的知识和技能。本书内容包括4个项目,10个工作任务,涉及的车型以当前市场上主流的比亚迪、北汽新能源、上汽荣威、丰田普锐斯等纯电动、混合动力电动汽车车型为主。

本书由北京教盟博飞汽车科技有限公司组织编写。襄阳汽车职业技术学院包科杰、涿州市职业技术教育中心李健担任主编,广西交通职业技术学院梁海明、河北科技工程职业技术大学贾军涛、江苏汽车技师学院魏垂浩担任副主编,广西汽车集团有限公司陈秀莲参与了本书的编写。桂林航天工业学院唐学帮担任主审。

由于编者水平和经验有限,书中难免存在缺点和疏漏,恳请广大读者批评指正。

编委会

2021 年 11 月

目 录

新能源汽车维护

本项目主要介绍新能源汽车的日常维护知识,包含以下 2 个任务:
任务 1　新能源汽车使用与检查;
任务 2　新能源汽车常规维护。
通过以上 2 个任务的学习,你将掌握纯电动汽车与混合动力电动汽车检查与维护的要求与注意事项。

任务 1　新能源汽车使用与检查

提出任务

你被安排到售后车间新能源汽车的维修岗位。今天正好有一批新能源汽车进入你的门店,需要对它们做一次严格的售前检查(Pre Delivery Inspection,PDI),你能够完成这个任务吗?

任务要求

● 知识要求

1. 能够描述新能源汽车新车使用要求;
2. 能够描述新能源汽车主要警告灯的含义及处理方法;
3. 能够描述新能源汽车日常检查与维护注意事项。

能力要求

1. 能够正确执行新车 PDI；
2. 能够认识和更换熔断丝；
3. 能够检查和维护低压蓄电池。

素质要求

1. 培养良好的职业道德和工匠精神；
2. 培养安全意识和团队协作精神；
3. 培养爱党报国、敬业奉献、服务人民的意识,理解"客户第一"的服务理念。

相关知识

新能源汽车与传统汽车的主要区别在于驱动系统,但是新能源汽车在车身电气、底盘等部件上与传统汽车区别并不大。因此,在新车使用与后期的维护中,新能源汽车与传统汽车相同的系统部件可参考传统汽车,针对特有的部件需要按新的要求执行。

1. 新车使用要求

1)新车磨合

新车磨合主要是指将新车中的新传动零部件经过一段时间的运转摩擦,使得接合与啮合面的接触非常吻合、表面非常光洁的过程,从而提高后期车辆的使用效率,延长车辆的使用寿命。

传统汽车需要磨合,新能源汽车新车期间也需要磨合,但与传统汽车的磨合有所区别,主要表现在两个方面:

第一,纯电动汽车不再有发动机和摩擦片式的离合器,因此,新车期间主要的磨合是指对底盘机械,特别是制动系统部件的磨合。

第二,混合动力电动汽车由于发动机的起动与运转不再受驾驶人的控制,因此,在新车期间也不需要对发动机进行额外的磨合。

新能源汽车进入磨合期后,应分阶段进行相应的检查和维护,内容包括以下方面:

(1)磨合前期。清洁全车;紧固外露的螺栓、螺母;补充冷却液;检查电机及变速驱动单元;检查轮胎的气压;检查灯光仪表;检查蓄电池;检查制动系统。

(2)行驶到 30～50km 时。检查电机及变速驱动单元、轮毂以及传动轴等是否有杂音或发热现象;检查制动系统的制动能力及紧固性、密封效果。

(3)行驶到 150km 时。检查全车外露螺栓、螺母的紧固情况。

(4)磨合结束。到指定维护站进行全车磨合维护;如果是混合动力电动汽车,需要更换机油和机油滤清器、清洗节气门等,测汽缸压力,清除燃烧室积炭,检查制动系统,调整离合器踏板自由行程,紧固前悬架及转向机构。

2）动力电池使用

新能源汽车有一个共同的部件——动力电池（图 1-1-1）。动力电池需要在新车期间执行相应的维护操作，包括对动力电池的适度放电和充电，初期使用时应注意：

（1）正确掌握充电时间。在使用过程中，应根据实际情况准确把握充电时间和充电频次。正常行驶时，如果电量表指示应充电，应停止运行，尽快充电，否则，电池过度放电会严重缩短其寿命。充满电后运行时间较短就充电，充电时间不宜过长，否则，会形成过度充电，使电池发热。过度充电、过度放电和充电不足都会缩短电池寿命。一般情况下，电池平均充电时间在 10h 左右。

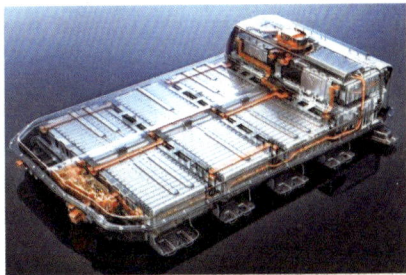

图 1-1-1　动力电池

（2）定期充电。即便续驶能力要求不长，充一次电可以使用 2 ~ 3 天，也建议每天都充电，这样可使电池处于浅循环状态，有利于延长电池的寿命。

2. 正确起动车辆与警告灯的识别

1）起动操作

在车辆行驶时不要拔出起动钥匙，否则，将会导致转向锁啮合，不能转向。大多数新能源汽车可以按照以下顺序操作转向锁，接通电路并起动驱动电机。

位置 0（LOCK）：拔下起动钥匙，转向锁、大多数电路不能工作。

位置 1（ACC）：转向解锁，个别电器和附件可以工作。

位置 2（ON）：所有的仪表、警告灯和电路可以工作，高压上电，进入行驶准备状态。

纯电动汽车一般采用无级变速机构，变速器操纵杆设计得较为简单。大多数纯电动汽车的变速器操纵杆有 R、N、D 三个挡位。

选择前进挡 D：在换挡之前，应先踩制动踏板，否则，挡位选择无效。

选择倒挡 R：在选择倒挡前，应确保车辆处于静止状态。然后踩下制动踏板，再挂挡。

选择空挡 N：在选择空挡前，应确保车辆处于静止状态。

2）警告灯的识别

在仪表设计上，纯电动汽车一般设计有一些特殊的故障指示灯，其符号根据具体车型可能有所不同，但是其功能基本上是相似的。图 1-1-2 所示是以北汽新能源 EV200 纯电动汽车为例，介绍新能源汽车警告灯的识别与处理方法。其他车型请参照用户手册及维修手册。

图 1-1-2　新能源汽车警告灯的识别

新能源汽车
警告灯识别

图 1-1-3 动力系统故障
警告灯

（1）动力系统故障警告灯。动力系统故障警告灯如图 1-1-3 所示。

表 1-1-1 说明了动力系统故障警告灯点亮的基本原因。该警告灯点亮时,车辆将不能被起动,或者是仅发动机可以运行(对于混合动力电动汽车),电力系统将被关闭,需要到维修站进行维修。

动力系统故障警告灯状态表 表 1-1-1

信号来源	故障类型	电源挡位	故障现象
电池管理器	(1)一般漏电报警; (2)严重漏电报警	所有挡位	(1)点亮警告灯; (2)显示"高压系统漏电"
	碰撞信号报警	ON 挡	点亮警告灯
	放电主接触器烧结故障	退电检测	点亮警告灯
	负极接触器烧结故障	上电检测	点亮警告灯
驱动电机控制器	动力系统故障	ON 挡	点亮警告灯
P 挡电机控制器	P 挡系统故障	ON 挡	点亮警告灯

（2）动力电池过热警告灯。动力电池过热警告灯如图 1-1-4 所示。

该警告灯一般在电池温度过高的情况下会点亮,例如:动力电池温度高于或等于65℃或与 BMS(电池管理系统)失去通信时,警告灯点亮;动力电池温度低于 65℃时,警告灯熄灭。

图 1-1-4 动力电池过热
警告灯

该警告灯点亮时,车辆将降低电力驱动功率或电力系统将被关闭,需要到维修站进行维修。

（3）动力电池故障警告灯。动力电池故障警告灯如图 1-1-5 所示。

表 1-1-2 说明了动力电池故障警告灯点亮的基本原因。该警告灯点亮时,车辆将不能被起动,或者是仅发动机可以运行(对于混合动力电动汽车),电力系统将被关闭,需要到维修站进行维修。

动力电池故障警告灯状态表 表 1-1-2

信号来源	故障类型	电源挡位	故障现象
电池管理器	(1)电池组充电报警; (2)电池组放电报警; (3)电池组温度报警; (4)过电流报警; (5)电压过低报警; (6)电压过高报警	所有电源	点亮警告灯

（4）电机冷却液温度过高警告灯。电机冷却液温度过高警告灯有多种形式,比亚迪汽车的电机冷却液温度过高警告灯如图 1-1-6 所示。

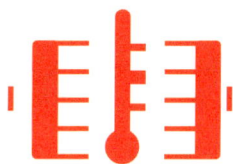

表1-1-3说明了电机冷却液温度过高警告灯点亮的基本原因。该警告灯点亮时,车辆将降低电力驱动功率或电力系统将被关闭,需要到维修站进行维修。

电机冷却液温度过高警告灯状态表   表 1-1-3

信号来源	故障类型	电源挡位	故障现象
驱动电机控制器	当采集到的温度高于或等于75℃时,电机冷却温度由低往高变化	ON 挡	点亮警告灯
	当采集到的温度低于或等于75℃时,电机冷却液温度由高往低变化	ON 挡	熄灭警告灯

（5）电机过热警告灯。北汽新能源 EV200 纯电动汽车电机过热警告灯如图 1-1-7 所示。

图 1-1-5　动力电池故障警告灯　　　　图 1-1-6　电机冷却液温度过高警告灯　　　　图 1-1-7　电机过热警告灯

表1-1-4说明了电机过热警告灯点亮的基本原因。该警告灯点亮时,车辆将降低电力驱动功率或电力系统将被关闭,需要到维修站进行维修。

电机过热警告灯状态表   表 1-1-4

信号来源	故障类型	电源挡位	故障现象
驱动电机控制器	驱动电机过热报警	ON 挡	点亮警告灯
	冷却系统散热器过热报警	ON 挡	点亮警告灯

3. 新能源汽车日常的检查流程

针对混合动力电动汽车和纯电动汽车,日常主要涉及以下检查工作。

1）检查蓄电池

检查 12V 低压蓄电池（图 1-1-8）接头有无腐蚀或接头松弛、裂纹或压板松弛。

（1）如果蓄电池接头已被腐蚀,须用温水和小苏打水的混合溶液进行清洗,在接头外部涂润滑脂以防止进一步腐蚀。

图 1-1-8　12V 低压蓄电池

(2)如果接头连接松弛,须拧紧夹子的螺母。

(3)将压板拧紧至能够保持蓄电池固定在其位置上即可,过度拧紧将损坏蓄电池箱。

> ☀️ **注意:**
>
> (1)进行维护之前,须确认电机和所有附属设备都已关闭。
>
> (2)检查蓄电池时,须首先取下负接头(" － "标记)上的搭铁电缆并在最后将它安装。
>
> (3)使用工具时避免同时接触蓄电池的正负端子,以免造成短路。
>
> (4)清洗蓄电池时,注意不要让液体进入蓄电池中。
>
> (5)在电缆未断开时给蓄电池充电,可能会严重损坏车辆的电子控制单元及电气设备。在将蓄电池连接到充电器上之前,应先拆下蓄电池电缆。
>
> (6)如在电机停止运转的情况下,长时间使用车辆用电设备,可能会引发蓄电池过度放电,导致车辆无法起动,甚至永久损坏蓄电池。

2)换油

新能源汽车换油程序与传统汽车的换油程序相似。但为混合动力电动汽车换油时需要注意以下几点:

(1)举升混合动力电动汽车时,不要把垫子放在车辆下面的橙色高压电线上或离它们很近。

(2)大多数混合动力电动汽车要求使用 SAE 0W/20 或 SAE 5W/20。使用指定的润滑油黏度很重要,因为混合动力电动汽车的发动机起停多次,用错黏度等级的润滑油不但会导致燃料经济性降低,而且还会导致发动机损坏。

(3)检查前必须确定发动机已经关闭。如果有智能汽车钥匙或汽车有起动按钮,要确保钥匙距离车辆至少 5 m,这有助于防止发动机意外起动。

3)冷却系统检查

新能源汽车冷却系统的检查与传统汽车冷却系统的检查相似。但在检查混合动力电动汽车和纯电动汽车冷却系统时需要注意以下几点:

(1)使用规定的冷却液。大多数汽车制造商建议使用预混合冷却液,因为使用含矿物质的水会导致腐蚀。此外,有的汽车还需要采用去离子水的冷却液,这与传统的冷却液不同,去离子水冷却液不会导电,这将保证冷却液在冷却的高压部件中不会产生部件绝缘电阻下降的风险。

(2)保证规定的冷却液更换间隔时间。这与传统汽车的冷却液更换周期相似,应检查并确定在规定的时间或里程间隔期内更换。

(3)维修中的预防措施。例如,丰田普锐斯汽车使用一个能让冷却液保温长达 3 天的储液罐。打开冷却液软管会导致热的冷却液释放,从而严重烫伤维修人员。

4)空调装置检查

新能源汽车空调装置检查与传统汽车空调装置的检查方法相似,但在检查混合动力电

动汽车和纯电动汽车空调装置时需要注意以下几点:

(1)很多混合动力电动汽车和纯电动汽车的空调压缩机使用动力电池的高压电来驱动压缩机。

(2)如果空调压缩机是用电驱动,则要用绝缘制冷剂油,即要用一个单独的回收器以防常规制冷剂油与混合动力电动汽车用制冷剂油混合。

5)转向系统检查

新能源汽车转向系统的检查与传统汽车转向系统的检查相似,但在检查混合动力电动汽车和纯电动汽车的转向系统时需要注意以下几点:

(1)检查转向系统时,查看并按照使用说明书上规定的预防措施进行操作。

(2)大多数汽车都使用电动助力转向系统,并用逆变器提高电压来操作执行电动机(一般提高到42V)。控制器的电压更高,但不会产生触电危险。这些系统使用黄色或者蓝色塑料线管装电线,从而有助于判断该电压水平可能发生的危险。这个电压水平不会产生触电危险,但如果断开载有42V电压的电路,则会有电弧产生。

6)制动系统检查

新能源汽车制动系统的检查与传统汽车制动系统的检查相似。但在检查混合动力电动汽车和纯电动汽车制动系统时需要注意以下几点:

(1)所有混合动力电动汽车和纯电动汽车都使用再生制动系统,它捕捉车辆运动时的动能,把动能转化成电能输送给高压动力电池组。紧急制动时产生的电量超过100A,此电流储存在高压动力电池组内,需要时用于给汽车供电。

(2)用于混合动力电动汽车的基础制动器除主缸和相关的控制系统不同外,其他都与传统车辆一样。制动系统没有与高压电路连接,因为它是在电机里产生再生,且由电机控制器控制再生。

任务实施

(一)工作准备

(1)防护装备:常规实训着装。

(2)车辆、台架、总成:北汽新能源EV系列纯电动汽车;丰田普锐斯混合动力电动汽车(以下简称丰田普锐斯);或其他同类新能源车辆。

(3)专用工具、设备:汽车举升机。

(4)手工工具:组合工具。

(5)辅助材料:无。

(二)实施步骤

1.新车PDI

本操作任务主要是在掌握新能源汽车基本使用与检查的理论知识基础上,对新能源汽车能够进行规范的 PDI 操作,并完成 PDI 表(见任务工单中的"新能源汽车使用与检查"任务)。

2. 熔断丝的认识与检查

💡 **注意:**

如果前照灯或其他电器部件不工作,须检查熔断丝(图 1-1-9),如果熔断丝已被烧毁,则须更换。

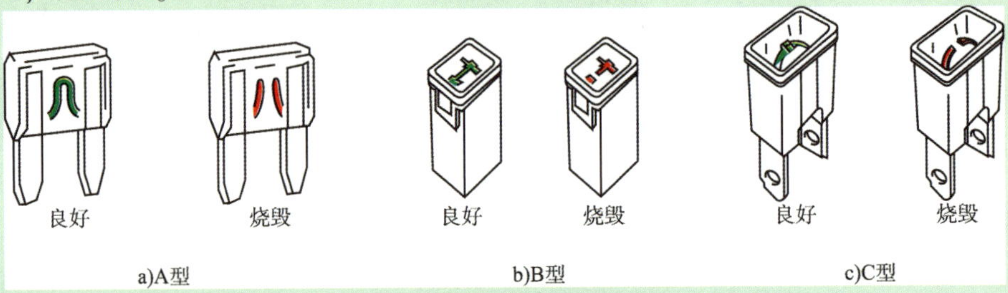

良好　　烧毁　　　　良好　　烧毁　　　　良好　　烧毁

a)A型　　　　　　　b)B型　　　　　　　c)C型

图 1-1-9　熔断丝

垂直地拔出可能有问题的熔断丝进行检查,查明哪一条熔断丝出现问题。熔断丝盒的盖子上,标明了每条熔断丝的电路名称。可用拔出工具,拔出 A 型熔断丝。如果无法确定熔断丝是否被烧毁,则可用好的熔断丝更换可能有问题的熔断丝。如果熔断丝被烧毁,须将新的熔断丝装入插座。只能安装熔断丝盒盖上规定安培数的熔断丝。

如果没有相同安培数的熔断丝,则须采用安培数较低的熔断丝,但要尽可能做到与额定安培数一致。如果使用了安培数比规定值低的熔断丝,则可能再次被烧毁,但这并不表示有问题。

⚠️ **警告:**

执行高压车辆维护与诊断维修前,务必做好个人防护,并严格遵守正确的操作步骤。

(1)维修防护用品安装。
①打开主驾驶车门,铺设脚垫,套上转向盘套、座椅套。
②断开点火开关,挂入 P 挡,拔出车钥匙。
③打开发动机舱盖,固定支架,铺设翼子板护垫。
(2)打开熔断丝盒盖,认识熔断丝的安装位置(图 1-1-10)。
(3)安装表笔,打开万用表,旋至欧姆挡,校正万用表。
(4)打开万用表旋至蜂鸣挡。
(5)检测熔断丝是否导通(图 1-1-11)。

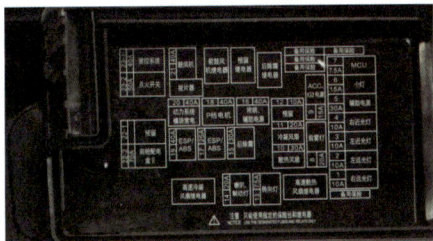

图 1-1-10　认识熔断丝的安装位置

图 1-1-11　检测熔断丝是否导通

（6）拔出熔断丝，检查熔断丝是否熔断。

（7）更换已经熔断的熔断丝。注意不同电流值的熔断丝要用不同颜色来区别。

（8）将熔断丝盒盖安装至原来的位置。

3. 蓄电池的检查与维护

蓄电池的检查与维护如图 1-1-12 所示。

图 1-1-12　检查蓄电池端子及紧固螺栓

蓄电池的检查与维护

（1）打开低压蓄电池保护盖，目测电池极桩是否锈蚀。

（2）用手晃动蓄电池端子，检查是否松动，用扳手紧固蓄电池端子卡子螺栓。

（3）用手晃动蓄电池，检查是否安装牢固，用扳手紧固蓄电池固定螺栓。

学习测试

1. 填空题

（1）新车磨合主要是指将新车中的_____经过一段时间的运转摩擦，使得_____的接触非常吻合、表面非常光洁的过程，从而提高后期车辆的使用效率，延长车辆的使用寿命。

（2）新能源汽车磨合期各阶段包括磨合前期、行驶到_____时、行驶到_____时以及磨合结束。

（3）纯电动汽车变速器一般采用_____机构，变速器操纵杆有_____三个挡位。

（4）动力电池过热警告灯点亮时，车辆将降低_____或电力系统将被关闭。

（5）大多数新能源汽车制造商建议使用_____冷却液，有的汽车还需要采用不导电的_____的冷却液。

2. 判断题

（1）纯电动汽车没有发动机，因此，新车期间不需要磨合。　　　　　　　（　　）

(2)新能源汽车的动力电池在新车期间应该对电池的适度放电和充电。　　　(　　)

(3)纯电动汽车变速器操纵杆比其他传统汽车设计复杂得多。　　　　　　　(　　)

(4)动力系统故障灯点亮时,电力系统将被关闭,需要到维修站进行维修。　　(　　)

(5)混合动力电动汽车使用的润滑油,和普通车辆一样即可。　　　　　　　(　　)

3. 单项选择题

(1)以下关于比亚迪 e6 纯电动汽车(以下简称比亚迪 e6)冷却液的说法,正确的是(　　　)。

    A. 更换周期越短越好　　　　　　　　B. 采用不导电的光离子水冷却液

    C. 与传统汽车类型一样　　　　　　　　D. 无须更换

(2)以下关于比亚迪 e6 日常维护说法,正确的是(　　　)。

    A. 不再需要更换制动片

    B. 需要定期更换机油及滤芯

    C. 需要定期更换制动液

    D. 需要定期检查底盘球头等

(3)丰田普锐斯的冷却液能够保温(　　　)。

    A. 半天　　　　　　　　　　　　　　B. 1 天

    C. 2 天　　　　　　　　　　　　　　D. 3 天

(4)以下关于电驱动的压缩机说法,正确的是(　　　)。

    A. 采用专门的制冷循环系统

    B. 与普通车辆压缩机一样

    C. 应使用绝缘制冷剂

    D. 应使用普通制冷剂

(5)以下关于新能源汽车电动助力转向系统的说法,正确的是(　　　)。

    A. 电压和普通车辆一样,12V 驱动

    B. 采用动力电池的高电压驱动

    C. 具有触电危险

    D. 通常没有触电危险

任务 2 　新能源汽车常规维护

提出任务

你的主管要求你负责对一辆纯电动汽车执行常规 B 级维护,并在完成后及时向车主反馈情况,你能完成这个任务吗?

任务要求

知识要求

1. 能够描述新能源汽车的维护方法;
2. 能够描述典型新能源汽车的维护时间间隔和维护里程。

能力要求

1. 能够正确使用新能源汽车维护计划表;
2. 能够正确使用工具对新能源汽车进行日常维护。

素质要求

1. 塑造职业道德,弘扬中华传统美德;
2. 培养安全意识和团队协作精神;
3. 培养自我管理和自主学习能力。

相关知识

汽车在行驶中,由于受各种因素的影响,各零部件必然会逐渐产生不同程度的自然松动、磨损和其他机械损伤,如果不及时采取必要的技术措施,汽车的动力性、经济性必然变差,可靠性也将随之降低,甚至发生意外事故。汽车维护就是为了减少机件磨损,保证汽车具有良好工作性能,预防故障发生和延长车辆使用寿命而采取的维持性的技术措施。

虽然新能源汽车和传统汽车驱动方式有些差别,但依然要进行日常的维护。两者在维护方面最大的区别就是,传统汽车主要针对的是发动机系统的维护,需要定期更换机油、机油滤清器等;而新能源汽车主要是针对电池组和电机以及高压线束等进行日常的维护。

1. 纯电动汽车的维护

纯电动汽车的动力电池组与电机代替了传统汽车的发动机来驱动汽车行驶,变速器与传统汽车的变速器略有不同,但底盘和电气部分与普通汽车基本一致。为了确保车辆保持最佳的状态,纯电动汽车需要像传统汽车那样定期维护,比如每年或行驶 2 万 km 更换变速器润滑油和空调滤芯;每两年或行驶 4 万 km 更换防冻液和制动液;每次维护检查底盘、灯光、轮胎等常规部位。

1)纯电动汽车维护项目

由于纯电动汽车是靠驱动电机驱动,所以纯电动汽车不需要进行机油、"三滤"、皮带等常规维护,只需要对动力电池组和电机进行一些常规的检查,并保持其清洁即可,由此可见纯电动汽车的维护确实比传统汽车容易得多。

典型纯电动汽车的维护项目及内容见表1-2-1。通常对纯电动汽车按照传统汽车一样，采用A级和B级两级维护计划，并根据不同等级进行相应的维护操作。

纯电动汽车维护项目及内容 表1-2-1

系统类别	检查内容	处理方法	A级维护			B级维护		
			项目	配件及材料	备注	项目	配件及材料	备注
动力电池系统	安全防护	检查并视情况处理	√			√		
	绝缘	检查并视情况处理	√			√		
	接插件状态	检查并视情况处理	√			√		
	标识	检查并视情况处理	√			√		
	螺栓紧固力矩	检查并视情况处理				√		
	动力电池加热功能检查	检查并视情况处理	√					
	外部检查	清洁处理	√					
	数据采集	分析并视情况处理	√			√		
电机系统	安全防护	检查并视情况处理	√			√		
	绝缘检查	检查并视情况处理	√			√		
	电机和控制器冷却检查	检查并视情况处理	√					
	外部检查	清洁处理	√					
电气电控系统	机舱及各部位低压线束防护及固定	检查并视情况处理	√			√		
	机舱及各部位插接件状态	检查并视情况处理	√			√		
	机舱及底盘高压线束防护及固定	检查并视情况处理	√			√		
	机舱及底盘各高、低压电器固定及插接件连接状态	检查并视情况处理，清洁	√			√		
	蓄电池	检查电量状态，并视情况处理	√			√		
	灯光、信号	检查并视情况处理	√			√		
	充电口及高压线	检查并视情况处理	√			√		
	高压绝缘检测系统	检查并视情况处理	√					
	故障诊断系统报警检测	检测、检查并视情况处理	√					
制动系统	驻车制动器	检查效能并视情况处理	√			√		
	制动装置	泄漏检查	√			√		
	制动液	液位检查	√	更换制动液		√		视情况添加制动液
	制动真空泵、控制器	检查(漏气)并视情况处理	√			√		
	前后制动摩擦片	检查并视情况更换	√			√		

续上表

系统类别	检查内容	处理方法	A 级维护			B 级维护		
			项目	配件及材料	备注	项目	配件及材料	备注
转向系统	转向盘及转向管柱连接紧固状态	检查并视情况处理	√			√		
	转向机本体连接紧固状态	检查并视情况处理	√			√		
	检查转向拉杆间隙及防尘套	检查并视情况处理	√			√		
	检查转向助力功能	检查并视情况处理	√			√		
车身系统	风窗玻璃及洗涤器刮水器	检查并视情况更换处理	√	添加风窗玻璃洗涤剂		√	添加风窗玻璃洗涤剂	
	天窗	检查并视情况处理	√	加注润滑脂		√	加注润滑脂	
	座椅及滑道	检查并视情况处理	√			√		
	门锁及铰链	检查并视情况处理	√			√		
	机舱铰链及锁扣	检查并视情况处理	√			√		
	后背门(厢)铰链及锁	检查并视情况处理	√			√		
传动系统及悬架装置	变速器(减速器)	检查减速器连接、紧固及渗透情况	√	更换减速器润滑油				
	传动轴	检查球笼间隙及护罩并视情况处理	√			√		
	轮毂	检查、紧固,并视情况处理	√			√		
	轮胎	检查胎压,并视情况处理	√			√		
	副车架几个悬架连接状态	检查紧固	√					
	前后减振器	检查渗漏情况并紧固,视情况更换	√					
	机舱铰链及锁扣	检查并视情况处理	√			√		
冷却系统	冷却液液位及冰点	液位及冰点测试,视情况添加	√	更换冷却液	冷却液6L	√	冬季时检测冰点并视情况添加	
	冷却管路	检查渗漏情况并处理	√			√		
	水泵	检查渗漏情况并处理	√			√		
	散热水箱	检查并清理	√			√		

针对以上维护计划,具体执行的维护项目有以下8项。

(1)动力电池系统维护项目。

①外观检查。

目的:检查外观有无磕碰、损坏。

方法:将车辆举升,目测动力电池底部有无磕碰、划伤、损坏的现象。

工具:目测。

②绝缘检查(内部)。

目的:防止电池箱内部短路。

方法:将动力电池高压母线旋变拧开,用绝缘电阻表测总正、总负对地电阻,阻值大于或等于500Ω/V(1000V)。

工具:绝缘电阻表。

③底盘连接检查。

目的:防止螺栓松动造成故障。

方法:用扭力扳手紧固固定螺栓。

工具:扭力扳手。

④接插件检查。

目的:检查接插件有无异常。

方法:目测动力电池高、低压接插件变形、松脱、过热、损坏等情况。

工具:目测。

⑤高低压接插件可靠性检查。

目的:确保接插件正常使用。

方法:检查是否松动、破损、锈蚀、密封等情况。

工具:目测、绝缘电阻表、万用表。

⑥电池内部温度采集点检查。

目的:确保测温点工作正常,采集点合理。

方法:电脑监控温度与红外热像仪温度对比,检查温度精度。

工具:诊断仪器、红外热像仪。

⑦电池加热系统测试。

目的:确保加热系统工作正常。

方法:电池箱接通12V,打开诊断仪器,启动加热系统,目测风扇是否正常。

工具:12V电源、诊断仪器。

⑧标识检查。

目的:防止脱落。

方法:目测。

工具:目测。

⑨动力电池密封检查。

目的:保证动力电池箱体密封良好,防止水进入。

方法:目测密封条或更换密封条。

工具:目测。

(2)驱动电机及驱动电机控制器维护项目。

①安全防护。

目的:检查外观有无磕碰、损坏。

方法:将车辆举升,目测驱动电机底部有无磕碰、划伤、损坏的现象。

工具:目测。

②绝缘检查。

目的:防止驱动电机内部短路。

方法:将驱动电机 U/V/W 导线的插接件拧开,用绝缘电阻表检测,阻值大于或等于 $500\Omega/V(1000V)$。

工具:绝缘电阻表。

③电机和控制器冷却检查。

目的:检查电机与电机控制器冷却液循环制冷效果。

方法:捏紧冷却液管使其水道内部阻力增大,使冷却液泵转速变小,声音发生变化,如无声音变化则水道内冷却液没有循环,需放气。

工具:卡环钳子、螺丝刀。

④外部检查。

目的:清洁电机及电机控制器表面。

方法:用空气压缩机压缩空气吹驱动电机及电机控制器,禁止使用潮湿的布和高压水枪进行清洁。

工具:空气压缩机。

(3)电气电控系统维护项目。

①机舱及各部位低压线束防护及固定。检查前机舱线束各连接导线无破损、碰擦干涉,连接良好,线束是否在原位固定。

②机舱及各部位插接件状态。检查前机舱线束各连接导线插接件是否有松动、破损、锈蚀、烧熔等情况。

③机舱及底盘高压线束防护及固定。检查前机舱、底盘各橘黄色线束各连接导线无破损、碰擦干涉,连接良好,线束是否在原位固定。

④机舱及底盘各高、低压电器固定及插接件连接状态。检查前机舱、底盘端子接线是否牢固,无松动,控制线束接插件和旋变接插件连接牢靠,集成横梁上部件是否搭铁连接牢靠,无松动。

⑤蓄电池。使用手持式蓄电池检测表测量,起动电压大于或等于 12.5V 为正常,正负极极柱无松动。

⑥灯光信号。检查前照灯、尾灯。

⑦充电口及高压线。检查充电线外观及插头是否有破损、裂痕,同时进行充电是否导通;检查充电口盖能否正常开启或关闭,当充电口盖板打开时,仪表充电指示灯应常亮,当关闭充电口盖时仪表充电指示灯应熄灭。

⑧高压绝缘检测系统。使用绝缘电阻测试仪检测高压线束绝缘值。

⑨故障诊断系统报警检测。连接诊断仪检测有无故障。

(4)制动系统维护项目。

①驻车制动器。在斜坡将驻车制动器操纵杆拉到整个行程 70% 时,或驻车制动器棘轮齿数 6~7 齿时测试是否溜车,是则调整驻车制动器。

②制动装置。检查制动液是否泄漏。

③制动液。每隔 2 年或者行驶 4 万 km 更换制动液,选取合适标号(通常是 DOT4)的制

动液;检查制动液液位,必须在 MAX 和 MIN 刻度线之间。

④制动真空泵、真空罐、控制器。

a. 车辆停稳后,打开钥匙开关,完全踩下制动踏板,踩踏三次真空泵应正常起动,大约 10s 后真空度达到设定值时真空泵应停止运转。

b. 在制动真空泵工作时检查连接软管。检测重点部位有无磨损、漏气现象;检查制动真空泵与软管连接处;制动真空罐与软管连接处。

⑤前后制动摩擦片。检查前后制动摩擦片并视情况更换。

(5)转向系统维护项目。

①转向横拉杆球头间隙,紧固程度及防尘套状态。

a. 举升车辆(车轮悬空),通过摆动车轮和转向横拉杆来检查间隙。

b. 检查转向横拉杆球头的固定螺母是否牢固。

c. 检查转向横拉杆的防尘套有无损坏和安装位置是否正确。

②转向助力功能。

a. 在道路试车过程中,通过原地转向、低速行驶中转向,检测转向时方向是否有沉重、助力效果不足等故障。

b. 将转向盘分别向左、右打至极限位置,检测是否有转向盘抖动、转向机异响等故障。

(6)车身系统维护项目。

①风窗及洗涤器、刮水器。检视车窗是否有裂纹;玻璃洗涤剂是否缺失,必要时酌情添加;刮水片擦洗是否干净,必要时更换。

②清洁天窗、座椅滑道、门锁铰链、机舱铰链及锁扣、后背门铰链及锁扣,并加注润滑脂。

(7)传动系统及悬架装置维护项目。

①变速器(减速器)。

a. 检查变速器连接螺栓并紧固,半轴油封有无渗漏,每隔一年或行驶 2 万 km 更换变速器润滑油。

b. 检查等速万向节及防尘套有无破损。

②轮毂。检查轮毂有无划痕、磕碰,视情况做一次动平衡。

③轮胎。检查轮胎胎面和侧面是否有损坏和异物,轮胎是否有滚动面异常磨损毛刺等;花纹深度是否达到极限;检查胎压是否正常。

④副车架悬置连接状态。检查副车架并用扭力扳手检查紧固情况。

⑤前后减振器。检查减振器有无漏油,检查螺栓紧固情况。

(8)冷却系统维护项目。

①冷却液液位及冰点。液位应在"FULL"和"LOW"标记线之间;2 年或 4 万 km 使用冰点测试仪检测冷却液冰点,冰点低于 $-35℃$ 应更换新的冷却液。

②冷却管路。检查冷却系统管路及各零部件接口处有无泄漏情况。

③冷却液泵。检查冷却液泵接口是否有渗漏痕迹,是否有异响、停转现象。

④散热水箱。在驱动电机及控制器冷却后在散热器后部(电机侧)使用压缩空气冲走散

热器或空调冷凝器的碎屑,严禁使用水枪对散热器散热片喷施清洗。

2)典型纯电动汽车维护

以下以比亚迪e6为例介绍纯电动汽车的维护操作,其他车型可以参考对应的维修手册。

(1)比亚迪e6维护计划。比亚迪e6轿车维护计划用于保证行车稳定、减少故障发生、安全以及经济的驾驶。计划维护的间隔,可参看计划表,按里程表的读数或时间间隔而定,以先到者为准。对于已经超过最后期限的维护项目,也应在同样的时间间隔里进行维护。每个项目的维护间隔,均记载在维护计划中。

> **注意：**
>
> 橡胶软管(用于冷气和暖气系统、制动系统和燃油系统)应按比亚迪e6轿车维护计划,请合格的技术人员进行检查,软管只要有任何的劣化或损坏就应该立刻更换。
>
> 比亚迪e6维护计划可参考相关的维修手册。

(2)主要系统的维护操作。

①变速器油液的检查与更换。

在车辆日常的使用中,要检查变速器箱体内润滑油的油量(图1-2-1)。拆下变速器注油螺塞,用手指小心地触摸螺塞孔内的油位,此时油面应达到螺塞孔的边缘。否则,应添加新的润滑油直至其自注入口溢出,然后,将注入口螺塞装回并拧紧。

对变速器箱体内的润滑油,要定期更换。在更换润滑油时,要对变速器箱体进行清洗,以保证润滑油质量。

> **注意：**
>
> 应立即清洁溢出的油液,溢出的油液会腐蚀机舱内的零件。

在变速器日常的使用中,要对变速器外部的螺栓进行检查,看是否有松动或者缺失,螺栓有松动要及时拧紧,螺栓有缺失要及时补上,并保持螺栓及箱体的洁净,以利于变速器散热。对于变速器上的通气管组件,要经常检查,保持通气管组件性能正常。如果购买不到比亚迪汽车变速器润滑油,建议使用API(American Petroleum Institute,美国石油学会)认证的齿轮油作为代用品。应依照定期维护表中规定的行驶时间与里程数更换变速器润滑油。更换时,应将变速器中的油液全部排出,然后,再注入新的变速器润滑油。

在新变速器磨合完成后,应放掉箱体内的润滑油。拧开变速器上放油螺塞1放油后,拧紧放油螺塞(图1-2-2),拧开注油螺塞2,加注新的润滑油。润滑油采用齿轮润滑油SAE80W－90;对于环境温度低于－15℃时,推荐使用SAE75W－90齿轮润滑油。加注量在3.5L左右。

②冷却液的检查与更换。冷却液类型选择如下:只能使用比亚迪指定的冷却液,必须根据环境温度选择合适的冷却液型号加注到冷却系统中。使用不适当的冷却液将损坏驱动电机冷却系统。

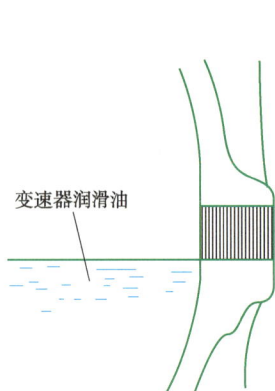

图 1-2-1　正确的变速器润滑油液面高度

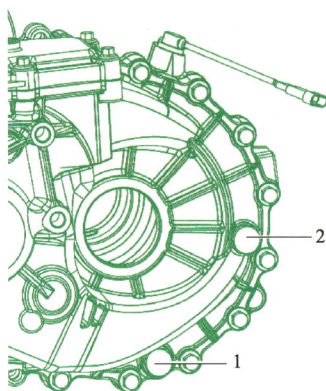

图 1-2-2　变速器螺塞
1-放油螺塞;2-注油螺塞

在驱动电机冷却状态下,查看透明的冷却液溢水壶。溢水壶中的冷却液液位在"FULL"和"LOW"标记线之间,则符合要求。如果液位低,须加注冷却液(有关冷却液的类型,可参看以下所述的"冷却液类型选择")。溢水壶中的冷却液液位将随驱动电机的温度变化而变化。在加注冷却液之后,如果冷却液液位在短时间内下降,则系统可能有泄漏,须目视检查散热器、软管、散热器盖和放泄螺塞以及冷却液泵。

⚠ **警告:**

为防止灼伤,当驱动电机处于热态时,不要取下散热器盖(图 1-2-3)。

图 1-2-3　比亚迪冷却液散热器盖

2. 混合动力电动汽车的维护

由于混合动力电动汽车仍然装备有发动机,因此,在日常的维护要求上,与传统汽车的区别并不大。

表 1-2-2 所示为典型混合动力电动汽车的维护计划(I-检查;R-更换)。

混合动力电动汽车维护计划　　　　　表 1-2-2

维护项目		混合动力电动汽车里程数或月数（以先到者为准）											
	×1000km	3.5	11	18.5	26	33.5	41	48.5	56	63.5	71	78.5	86
	月数	6(首次维护)		30		54		78		102		126	
1.检查多楔皮带有无裂纹、飞屑、磨损状况并调整其张紧度		I		I		I		I		R		I	
2.检查整车点火回路及供电回路		I	I	I	I	I	I	I	I	I	I	I	I
3.检查更换火花塞	一般使用条件	首次 18500km 更换,之后每隔 22500km 更换一次											
	严酷使用条件	检查并视情提前更换											
4.检查曲轴箱通风系统(PCV阀和通风软管)		I	I	I	I	I	I	I	I	I	I	I	I
5.检查冷却液管有无损伤,并确认接管部是否锁紧		I	I	I	I	I	I	I	I	I	I	I	I
6.检查副散热器内发动机防冻液液面高度		I	I	I	I	I	I	I	I	I	I	I	I
7.加注汽油清净剂		定期维护时加注											
8.更换发动机防冻液及驱动电机防冻液		采用有机酸型防冻液,每 4 年或行驶 10 万 km 更换一次											
9.更换空气滤清器滤芯	一般使用条件	首次 18500km 更换,之后每隔 22500km 更换一次,定期维护时清洁											
	严酷使用条件	检查并视情提前更换											
10.更换机油	一般使用条件	R	R	R	R	R	R	R	R	R	R	R	R
	严酷使用条件	R:每隔 5000km											
11.更换机油滤清器		每次更换机油时更换											
12.检查发动机怠速		I		I		I		I		I		I	
13.检查排气管接头是否漏气		I		I		I		I		I		I	
14.检查氧传感器		I											
15.检查三元催化转换器		I											
16.更换燃油滤清器				R		R		R		R		R	
17.检查加油口盖、燃油管和接头		I											
18.检查活性炭罐		I		I		I		I		I		I	
19.检查更换自动变速器内的润滑油、前变速器润滑油、滤清器及后总成润滑油	一般使用条件	首次 56000km 更换,之后每 60000km 检查油品,必要时更换											
	严酷使用条件	视需要缩短周期											
20.检查前舱盖锁及其紧固件		每年											
21.检查紧固底盘固定螺栓		I	I	I	I	I	I	I	I	I	I	I	I
22.检查制动踏板和电子驻车开关		I		I		I		I		I		I	

续上表

维护项目	混合动力电动汽车里程数或月数(以先到者为准)											
×1000km	3.5	11	18.5	26	33.5	41	48.5	56	63.5	71	78.5	86
月数	6(首次维护)		30		54		78		102		126	
23.检查制动摩擦块和制动盘	I	I	I	I	I	I	I	I	I	I	I	I
24.更换制动液	首次18个月更换,之后每24个月更换一次,例行维护时检查											
25.检查制动系统管路和软管	I		I		I		I		I		I	
26.检查转向盘、拉杆	I		I		I		I		I		I	
27.检查传动轴防尘罩	I		I		I		I		I		I	
28.检查球销和防尘罩	I		I		I		I		I		I	
29.检查前后悬架装置	I		I		I		I		I		I	
30.检查轮胎和充气压力[含TPMS(轮胎压力监测系统)]	I	I	I	I	I	I	I	I	I	I	I	I
31.检查前轮定位、后轮定位	I		I		I		I		I		I	
32.检查车轮轴承有无游隙	I		I		I		I		I		I	
33.检查冷气或暖气系统	I		I		I		I		I		I	
34.检查空调空气滤清器	I	I	I	I	I	I	I	I	I	I	I	I
35.检查空调装置的制冷剂	I		I		I		I		I		I	
36.检查空气囊系统	I		I		I		I		I		I	
37.检查车身损坏情况	每年											

任务实施

(一)工作准备

(1)防护装备:常规实训装备。

(2)车辆、台架、总成:比亚迪 e6 或其他纯电动汽车;丰田普锐斯或其他混合动力电动汽车。

(3)专用工具、设备:汽车举升机,润滑油加注器。

(4)手工工具:组合工具,机油滤清器拆装扳手。

(5)辅助材料:干抹布,润滑脂,防冻液,润滑油。

(二)实施步骤

1. 纯电动汽车 B 级维护操作

本操作任务主要完成对纯电动汽车的日常 B 级维护操作,并结合具体的维护操作,完成表格填写(在操作完成项目上打√,见任务工单中"新能源汽车常规维护"任务)。

2.纯电动汽车常规维护项目操作

根据实训室配置,以比亚迪 e6 为例,进行纯电动汽车常规维护操作。

⚠️ **警告:**

(1)禁止未参加该车型高压系统知识培训的维修人员拆卸高压系统,包括手动维修开关、高压电池包、驱动电机、电力电子箱、高压配电单元、高压线束、空调压缩机、交流充电线束、快速充电口、电加热器和慢充电器。

(2)当拆解或装配高压配件时,必须断开12V电源和高压电池包上的手动维修开关。

(3)在进行高压相关操作前,维修人员必须穿戴好劳保用品,戴好绝缘手套,穿好高压绝缘鞋。在戴绝缘手套前,必须检查绝缘手套是否有破损的地方,确保手套无绝缘失效。

(4)在安装和拆卸过程中,应防止制动液、洗涤液等液体进入或飞溅到高压部件上。

💡 **提示:**

请先进行维修防护用品安装。

1)比亚迪 e6 变速器润滑油的检查

检查步骤如下:

(1)举升车辆。

(2)将废油收集车推到变速器放油孔正下方。

(3)松开变速器注油螺塞,目测有无润滑油溢出,伸手检查润滑油注油量(图1-2-4)。

(4)如果油量不足应加注指定规格的润滑油。

(5)拧紧注油螺塞,拧紧力矩为27N·m(图1-2-5)。

图1-2-4　检查润滑油加注量　　　　图1-2-5　拧紧注油螺塞

(6)清洁变速器表面,降下车辆。

2)比亚迪 e6 变速器润滑油的更换

(1)变速器润滑油排放步骤如下:

①举升车辆,将举升机安全锁止。

②将废油收集车推到变速器放油孔正下方。

③松开变速器放油螺塞,排放润滑油(图1-2-6)。

④拧紧放油螺塞,拧紧力矩为27N·m(图1-2-7)。

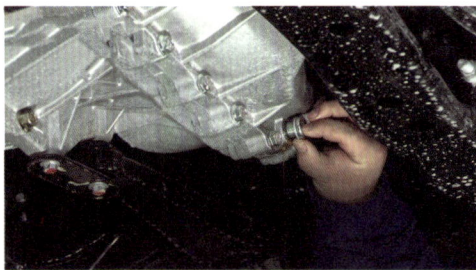

图1-2-6　排放润滑油

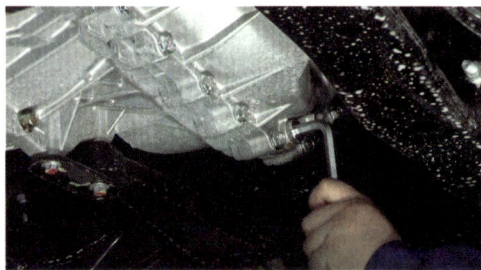

图1-2-7　拧紧放油螺塞

⑤清洁变速器表面,推走放油收集车。

(2)变速器润滑油加注步骤如下:

①打开气压阀门(图1-2-8)。

②调节气阀压力到0.8~1MPa。

③打开注油管总阀门(图1-2-9)。

图1-2-8　打开气压阀门

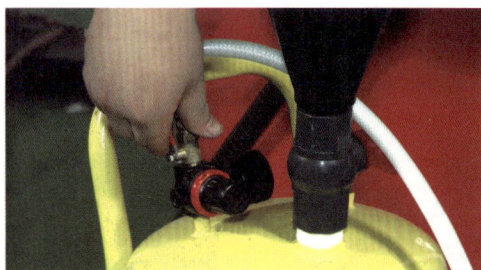

图1-2-9　打开注油管总阀门

④将注油油枪插入注油孔(图1-2-10)。

⑤缓慢扳开注油油枪阀门(图1-2-11)。

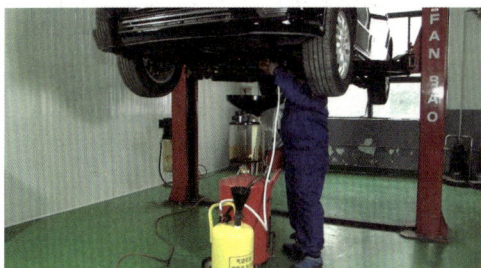

图 1-2-10　注油油枪插入注油孔　　　　　　　图 1-2-11　扳开注油油枪阀门

⑥当油液从注油孔溢出时,说明润滑油已注满,关闭注油油枪阀门。

⑦将注油油枪放入加油漏斗并关闭注油管总阀门。

⑧安装变速器注油螺塞,按照规定力矩拧紧加油螺塞,力矩为27N·m。

⑨清洁变速器多余油渍,降下车辆。

⑩起动车辆,挂入前进挡测试变速器是否漏油。

3. 混合动力电动汽车常规维护项目操作

根据实训室配置,以丰田普锐斯,进行混合动力电动汽车常规维护操作。

💡 **提示:**

请先进行维修防护用品安装。

1)丰田普锐斯前机舱的液位检查

(1)检查动力单元冷却液液位,液位要在上下限之间(图 1-2-12)。

图 1-2-12　检查动力单元冷却液液位

(2)检查发动机冷却液液位,液位要在上下限之间(图 1-2-13)。

(3)检查制动液液位,液位要在上下限之间(图 1-2-14)。

(4)检查玻璃清洗液液位,保证剩余量充足(图 1-2-15)。

(5)检查机油液位,拔出机油尺,用抹布擦拭,重新插回机油尺,然后再拔出,观察液位,液位要在上下限之间(图 1-2-16)。

图 1-2-13　检查发动机冷却液液位

图 1-2-14　检查制动液液位

图 1-2-15　检查玻璃清洗液液位

图 1-2-16　检查机油液位

2)丰田普锐斯冷却液的更换

⚠️ **警告:**

　　系统处于高温状态时,不要打开发动机和动力控制单元冷却液储液罐盖。冷却系统可能存在压力,拆下冷却液储液罐盖后可能会喷出高温冷却液,从而导致严重伤害。

丰田普锐斯更换
车辆冷却液

(1)冷却液的排放步骤如下:

①拧开散热器盖。

②打开冷却液储液罐盖。

③拧开动力控制单元冷却液储液罐盖。

④举升车辆,将举升机进行安全锁止。

⑤拧开发动机散热器排水塞,排放发动机冷却液。

⑥等待冷却液排放干净后,拧紧排水塞。

⑦松开水管卡箍,拔开变频器散热器出水管,排出变频器冷却液。

⑧等待冷却液排放干净后,安装变频器散热器出水管,卡紧水管卡箍。

⑨松开水管卡箍,拔下驱动电机入水管,排出驱动电机剩余冷却液。

⑩等待冷却液排放干净后,安装驱动电机入水管,卡紧水管卡箍,用抹布擦干冷却液水渍。

⑪降下车辆。

(2)冷却液加注步骤如下:

①散热器注水孔附近覆盖吸水抹布,防止冷却液洒到车上,安装漏斗,添加冷却液。

②添加完毕,取出漏斗,用抹布擦干溅出的冷却液,拧紧散热器盖。

③在动力控制单元储液罐注水孔附近,覆盖吸水抹布,安装漏斗,添加冷却液。

④添加完毕,取出漏斗,用抹布擦干溅出的冷却液,拧紧动力控制单元储液罐盖。

⑤在冷却液储液罐附近覆盖吸水抹布,安装漏斗,添加冷却液。

⑥添加完毕,取出漏斗,用抹布擦干溅出的冷却液。

⑦启动点火开关至 ready 挡,确定挡位在 P 挡后,踩下加速踏板,起动发动机运转 15min。

⑧检查冷却液是否在上下限之间,不足则补充。

注意:

　　系统处于高温状态时,不要拆下发动机和动力控制单元冷却液储液罐盖,防止烫伤。系统冷却液温度下降后,用大块抹布盖住散热器盖,缓慢拧松散热器盖,排放气压,然后打开散热器盖。

⑨举升车辆,用抹布将溅出的冷却液擦拭干净,检查底盘各管路有无泄漏。

⑩降下车辆。

思政点拨

汽车维护中的环境保护问题

(1)更换的各种液体,包含润滑油、润滑脂、冷却液等,要按相关环保要求和程序妥善处理,以免造成环境污染。

(2)更换下来的零配件,有利用价值的部分,可以作为废品回收,提高利用率。

(3)空气滤清器、空调滤芯等配件上面的灰尘,要进行适当处理,避免造成空气污染。

(4)检查电气设备的接头部分,以防止氧化、过热造成火灾隐患。

学习测试

1.填空题

(1)电动汽车的维护主要是针对_____和_____以及高压线束等进行日常的维护。

(2)纯电动汽车采用_____和_____维护计划,并根据不同等级进行相应的维护操作。

(3)新能源汽车每隔_____或者_____应更换制动液。

(4)冷却液的液位应在_____和_____标记线之间。

(5)当驱动电机处于_____的时候,不要取下散热器盖。

2. 判断题

(1)由于纯电动汽车是靠驱动电机驱动,所以不需要进行机油、"三滤"、皮带等常规维护。 （   ）

(2)纯电动汽车冷却系统维护时,应使用水枪对散热器散热片喷施清洗。 （   ）

(3)维护计划表的维护间隔,按里程表的读数或时间间隔而定,以先到者为准。（   ）

(4)在新变速器磨合完成后,应放掉变速器箱体内的润滑油,更换新的润滑油。（   ）

(5)新能源汽车的冷却液与传统汽车一样。 （   ）

3. 单项选择题

(1)用绝缘电阻测试仪 1000V 电压挡测量动力电池母线总正、总负对地,阻值大于或等于(   )。

    A. 1000kΩ   B. 500kΩ   C. 100kΩ   D. 越低越好

(2)比亚迪 e6 维护项目包括(   )。

    A. 驻车制动器   B. 液压制动装置和制动液

    C. 制动真空系统   D. 以上都是

(3)大多数混合动力电动汽车要求使用的发动机润滑油黏度是(   )。

    A. SAE 75W – 90   B. SAE 5W – 30

    C. R134a   D. 没有要求

(4)比亚迪 e6 变速器润滑油放油螺塞拧紧力矩为(   )。

    A. 20N·m   B. 27N·m

    C. 越大越好   D. 没有要求

(5)丰田普锐斯前机舱的液位检查包括对(   )的检查。

    A. 动力单元和发动机冷却液   B. 发动机机油

    C. 制动液和玻璃清洗液   D. 以上都是

新能源汽车故障诊断技术基础

本项目主要介绍新能源汽车(纯电动汽车和混合动力电动汽车)的基本故障诊断思路和方法,主要包括以下2个任务:

任务 1　新能源汽车基本故障诊断策略;

任务 2　诊断仪的使用与诊断数据分析。

通过以上2个任务的学习,你将了解到新能源汽车故障诊断的基本思路与方法,并进一步掌握如何结合诊断仪来对汽车故障进行分析和确诊。

任务 1　新能源汽车基本故障诊断策略

提出任务

如果有一辆新能源汽车出现了故障,你能够通过仪表上的警告灯,初步判断是哪个系统出现了故障吗?你认为应该如何排除当前故障?

任务要求

● 知识要求

1. 能够描述新能源汽车故障诊断的基本策略;
2. 能够描述新能源汽车常见警告灯与诊断方法;
3. 能够描述新能源汽车故障诊断的基本方法与流程。

● 能力要求

能够根据故障现象,学会分析和建立基本的故障诊断思路。

● 素质要求

1.培养良好的职业道德和工匠精神;
2.培养安全意识和团队协作精神;
3.培养正确的质量强国意识。

相关知识

1.新能源汽车基本故障诊断策略

高电压新能源汽车发生故障时,"基本故障诊断策略"的流程可以提供一个基础的诊断思路,并适用于对所有车辆的诊断。针对每种诊断情况遵循一种类似的方案,可最大限度地提高车辆的诊断和修理效率。

"基本故障诊断策略"是具体故障诊断思路的一个基本原则,但在实际维修诊断过程中,不一定需要严格遵循这样的诊断思路,因为在具体维修诊断中,有些步骤凭借个人的经验以及之前的维修经验,可以直接给出正确的答案,没有必要再浪费时间重复步骤去验证。

但是,对于很多初学的技术人员来说,该诊断策略可以帮助其建立一个正确的诊断思路,为日后进一步提升诊断能力打下基础。

新能源汽车基本故障诊断策略基本流程如图2-1-1所示。

第一步,理解并确认客户报修问题。诊断策略的第一步是尽可能多地了解客户情况。例如,这个故障现象是何时出现?何处出现该状况?该状况持续了多长时间?该状况多久发生一次?为了确认客户报修问题,必须首先熟悉系统的正常工作情况。

第二步,确认车辆行驶状况。车辆正常运行时,存在该情况,那么客户描述的故障情况可能属于正常情况。在与客户描述情况相同的条件下,与操作正常的类似车辆进行比较,如果其他车辆存在类似情况,那么这可能是车辆的设计原因。

第三步,初步检查——进行目视和操作检查,包括:

(1)对车辆进行外观全面检查。

(2)检测是否有异常的响声或异味。

(3)采集故障码(DTC)信息,以便进行有效的修理。

第四步,执行系统化的车辆诊断与检查。通过预检获取的信息,针对故障区域进行系统化的诊断和确认,确认系统工作是否正常,并确定执行何种诊断类别。

第五步,查询或检索相关的案例信息。查阅已有案例信息,确定是否之前已有这样的故障维修案例,这样可以最大限度缩短后期维修和诊断的时间。

第六步,诊断类别。

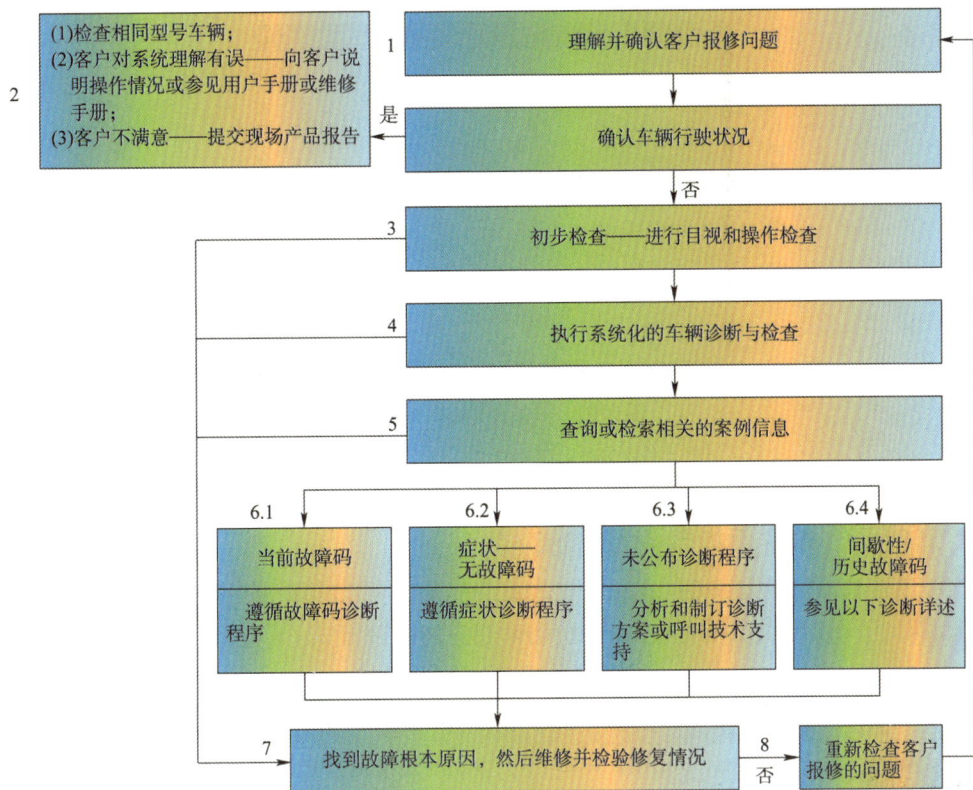

图 2-1-1　新能源汽车基本故障诊断策略基本流程

（1）针对当前故障码：按照指定的故障码诊断进行有效的诊断和维修。

（2）针对无故障码：选择合适的症状诊断程序，按照症状诊断思路和步骤诊断、维修。

（3）针对未公布的诊断程序：分析问题，制订诊断方案。从维修手册中查看故障系统的电源、搭铁、输入和输出电路，确定接头和其他多条电路相连接的部位。查看部件的位置，确认部件、连接器或线束是否暴露在极端温度或湿度环境下，以及是否会接触到其他具有腐蚀性的蓄电池酸液、机油或其他油液。

（4）针对间歇性/历史故障码：间歇性故障是一种不连续出现、很难重现，且只在条件符合时发生的故障。一般情况下，间歇性故障是由电气连接器和线束故障、部件故障、电磁/无线电频率干扰、行驶状况导致的。以下方法或工具有利于定位和修理间歇性故障或历史故障码：

①结合专业知识和可用的维修信息。

②判断客户描述的症状和状况。

③使用检测仪表及具备数据流读取功能的故障诊断仪（图 2-1-2）或其他诊断设备分析故障。

第七步，找到故障根本原因，然后维修并检验修复情况。找到故障根本原因后，进行维修并检验是否正确操作。确认故障诊断码或症状已消除。

图 2-1-2　诊断仪器读取的数据流

第八步,重新检查客户报修的问题。如果未能找到问题所在,必要时应重新检查,重新确认客户报修问题。

2. 新能源汽车主要指示灯/警告灯

当新能源汽车出现故障时,通常在仪表上会显示出相应的警告灯来提醒驾驶人,并根据车辆的实际运行情况以及结合故障类型,启动相应的故障模式,见表2-1-1。

常见指示灯/警告灯及其含义　　　　　　　　　　　　　表2-1-1

指示灯/警告灯	颜　色	功　能　含　义
	黄色	动力电池充电提醒(电量不足报警):当电量低于30%时,动力电池充电提醒灯点亮;电量高于35%时,动力电池充电提醒灯熄灭
	黄色	动力电池切断:动力电池处于切断状态时常亮
	红色	充电连接:当车辆外接充电枪连接(充电口盖开启)或者正在充电时常亮,此时车辆无法行驶
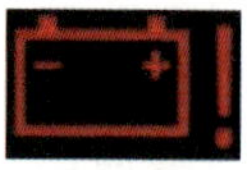	红色	动力电池故障:当动力电池发生故障时常亮
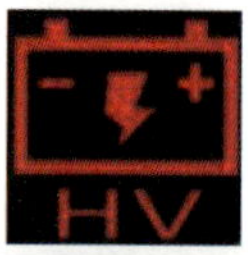	红色	动力电池绝缘电阻低:系统检测到动力电池绝缘电阻低时常亮
	红色	动力电池过热报警:系统检测到动力电池过热时常亮

指示灯/警告灯	颜　色	功　能　含　义
	黄色	系统报警提示：当系统存在报警或降功率运行时常亮
	红色	系统故障：当系统出现故障，不能正常工作时常亮或闪烁
	红色	驱动电机系统故障：当电机系统出现故障，不能正常工作时常亮
	红色	驱动电机及控制器过热报警：当驱动电机或电机控制器过热时常亮
	红色	低压12V蓄电池充电故障（电量低）：低压12V蓄电池电量低时常亮
	绿色	车辆准备就绪指示：只有该灯亮时，车辆才可以正常行驶，且驾驶过程中常亮。 注意：有些车辆也用OK指示灯

1）利用故障警告灯进行故障诊断

当新能源汽车组合仪表出现故障警告灯点亮的情况后，可以遵循以下原则执行相应的检查，包括一看、二查和三清。

一看：看仪表上显示的故障灯，定位故障原因。

二查：查故障码和系统状态，找到故障原因。

三清：清除故障。故障排除以后，通过诊断仪清除故障码，从而消除仪表上点亮的警告灯。

此外，针对仪表中出现多个警告灯点亮的情况，通常可以参考图2-1-3所示的优先级顺序进行诊断。

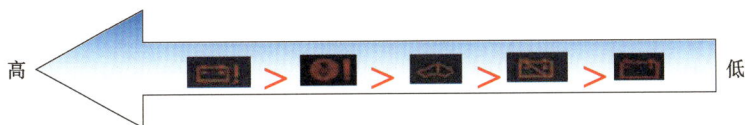

图2-1-3　仪表警告灯优先级

<dd>off

注意：

(1)针对上电以后整车无故障，但是不能进入起动模式的情况，需要先确认挡位是否在空挡，如不在空挡请退回空挡以后再尝试起动。

(2)针对整车无故障但动力性能减弱的情况，需要注意电量低提示灯是否点亮，如提示灯亮请及时充电。

(3)针对电池充满电以后，动力电池切断指示灯亮的情况，需要查看外接充电线是否拔掉，外接充电线连接时整车不能行驶。

2)常见故障警告灯的原因及诊断方法

(1)钥匙转到 ON 挡后，仪表所有灯不亮，或闪烁，或比较暗。

①可能原因。

a.仪表灯不亮：12V 电池的端子被拆掉或者蓄电池严重亏电。

b.仪表灯闪烁或者比较暗：蓄电池亏电。

②诊断方法。

a.请检查发动机舱 12V 电池的端子是否被拆掉，若被拆掉，请连接后再试。

b.若蓄电池连接仪表灯不亮，说明 12V 蓄电池严重亏电，需更换电池。

c.仪表灯闪烁或变暗，说明 12V 蓄电池亏电，需要及时对 12V 电池充电或者更换。

不更换 12V 蓄电池的方法：在高压电池电量良好并且不处于充电状态的情况下，可以通过搭铁线将蓄电池与有电的 12V 蓄电池连接，车辆钥匙在 ON 的位置使高压接触器吸合，DC/DC 变换器开始工作以后即可断开搭铁线连接。在操作过程中请注意安全，正负极不要反接或短接。

注意：

有些车辆需要起动以后，DC/DC 变换器才会对低压 12V 蓄电池进行充电。

判断 DC/DC 变换器工作的方法：仪表 LED(发光二极管)指示电池电流为负值；通过电压表测试蓄电池两端的电压大于 13V。

(2)12V 蓄电池警告灯常亮。

①可能原因。以下 4 个方面的原因会导致 12V 蓄电池亏电：

a.由于存放时间过长或者过量使用蓄电池导致 12V 蓄电池电压较低。

b.DC/DC 变换器故障，不能给 12V 蓄电池充电。

c.DC/DC 变换器熔断丝熔断，12V 蓄电池上方的熔断丝熔断。

d.连接 DC/DC 变换器至 12V 蓄电池端的线束问题。

②诊断方法。首先尝试通过钥匙重复上电、断电操作能否清除故障灯，如不能请参照以下方法：

a. 更换蓄电池或者给蓄电池补充电。

b. 若为 DC/DC 变换器原因不能给 12V 蓄电池充电,需要对故障进行进一步排查。

(3)动力电池警告灯常亮,整车不能起动。

①可能原因。以下 2 个方面的原因会导致动力电池故障灯常亮:

a. 高压电池系统故障。

b. 高压动力电池本体单体存在故障。

②诊断方法。首先尝试钥匙重复上电、断电操作能否清除警告灯,如不能请执行以下方法:

a. 通过诊断仪读取故障码,根据具体故障码参照整车维修手册进行维修。

b. 检测高压部件请专业人员进行,禁止私自操作,必须注意高压安全事项,按照手册中要求进行维修。

(4)系统警告灯常亮或者闪烁,整车不能起动。

①可能原因。以下 10 个方面的原因会导致系统故障:

a. 整车控制器(VCU)严重故障。

b. 整车控制局域网(CAN)通信存在短路/断路故障。

c. 制动真空压力传感器异常。

d. 高压系统(电池/电机/压缩机/整车控制器)互锁系统故障。

e. 冷却风扇驱动故障。

f. 逆变器驱动/继电器驱动故障。

g. 加速踏板故障。

h. 压缩机或热敏电阻(PTC)驱动故障。

i. 电机转矩监控故障。

j. 低压主继电器驱动故障。

②诊断方法。首先尝试钥匙重复上电、断电操作能否清除警告灯,如不能请执行以下方法:通过诊断仪读取故障码,根据具体故障参照整车维修手册进行维修。

(5)系统警告灯和动力电池警告灯不亮,电池断开指示灯亮。

①可能原因。以下 4 个方面的原因会导致高压回路不能建立,整车不可以行驶:

a. 高压继电器盒内熔断丝烧断。

b. 高压继电器(正极/负极/预充电)控制线束有问题。

c. 继电器本身损坏。

d. 预充电阻失效。

②诊断方法。

a. 此问题涉及高压检查和维修,非专业人员禁止操作。

b. 专业人员在检查时,要严格遵守操作要求,注意安全。

(6)电驱动系统警告灯常亮。

①可能原因。以下 2 个方面的原因可能导致电池断开,驱动系统失效:

a. 电机系统故障。

b. 电机控制器故障。

②诊断方法。出现警告灯和电池断开时,先查故障,再查电池断开指示灯。

首先尝试钥匙重复上电、断电操作能否清除警告灯,如不能,请执行以下方法:通过诊断仪读取故障码,根据具体故障参照维修手册进行维修。

3. 新能源汽车故障诊断基本方法

1)诊断前注意事项

必须查询并依照新能源汽车的维修手册,依规依序操作:

(1)新能源汽车高压电气系统,包含动力电池、逆变电路、驱动电机系统、电子控制系统和线束等,为了保证安全,所有的高压导线均已采取密封或隔离措施,高压导线束采用洁净的橙色加以区分。维修手册上清楚标注出的所有橙色导线为高压导线。

(2)维修时注意"READY"或"OK"指示灯,如果"READY"或"OK"灯点亮,表明驱动电机或混合动力车型的发动机可能会自动运转,以此判断车辆此时是处于工作还是停机状态。

在对车辆进行维修之前,都要确保"READY"或"OK"指示灯是熄灭的,故应关闭点火开关,并把车钥匙取下来。

(3)在维护检修时按规定着装,禁止佩戴首饰、手表、戒指、项链、钥匙等。维护检修准备吸水毛巾或布、灭火器、绝缘胶布和万用表,必须选用适用于电工作业的绝缘、耐碱性橡胶手套及防碱性类型的鞋子和护目镜,防止电解液溢出等造成意外伤害。

2)诊断前操作准备

对新能源汽车进行诊断、维修,处理损坏车辆、进行事故恢复或急救工作时,必须首先禁用高电压系统,具体方法如下:

(1)将变速器操纵杆置于P挡位置,拉紧驻车制动,拔下车辆钥匙。

(2)断开12V低压蓄电池负极端子。

(3)戴上绝缘手套拆下手动维修开关,将手动维修开关用绝缘胶布贴封起来,隔离外露区域与高压系统的接线端或连接器。

(4)断开手动维修开关后,在开始检查前等待5~10min,使用万用表检测需要维修的高压部件输入与输出线路的每一个端子电压,读数必须小于规定值(一般小于3V)。

更多详细的操作步骤和注意事项,需要参考高压安全教材对应内容(或其他相关资料)。

3)诊断与维修基本步骤

第一步:初步判断故障前行驶状况、故障时车辆状况及对相关信息进行分析。

新能源汽车在故障状态下均会进入失效保护模式,虽然不同的汽车制造厂商设计的失效保护模式不一定相同,但是主要的动力驱动系统模式却很相似。丰田普锐斯失效保护模式见表2-1-2。

丰田普锐斯失效保护模式　　　　　　　　　　　　　　　表2-1-2

故障举例	故障:× 正常:○					车辆故障状态
	发动机	动力电池	电动机 (MG2)	发电机 (MG1)	油泵电机 (MGR)	
MG1的旋变传感器失效	×	○	○	×	○	电机驱动正常,但发动机不能起动,即MG1发电机失效

续上表

故障举例	故障：× 正常：○					车辆故障状态
	发动机	动力电池	电动机（MG2）	发电机（MG1）	油泵电机（MGR）	
MG2 的旋变传感器失效	○	○	×	○	○	发动机能够被起动，但是车辆不能被驱动，即 MG2 电动机失效
动力电池电子控制单元（ECU）内部故障	×	继电器保持断开	×	×	×	车辆不能被驱动
动力电池自身故障	×	继电器保持断开	×	×	×	车辆不能被驱动
温度传感器等故障	○	○	○	○	○	车辆正常驱动或降低驱动功率，仪表警告灯点亮

第二步：采用车辆故障诊断仪诊断汽车故障时，检查并记录系统中所有的故障码，确认高电压系统存在的故障码，并将故障信息码优先排序。

普锐斯故障码的具体含义如图 2-1-4 所示。

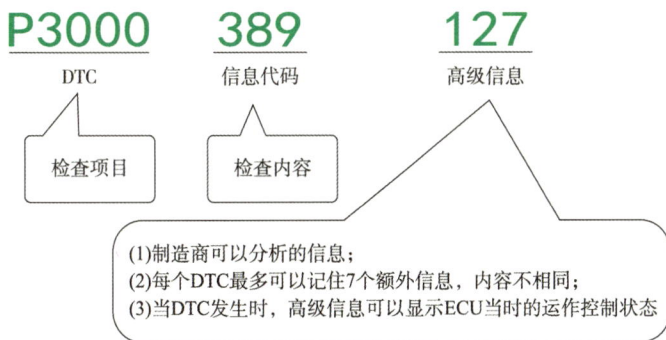

P3000　　**389**　　**127**
DTC　　　信息代码　　高级信息

检查项目　　检查内容

(1)制造商可以分析的信息；
(2)每个DTC最多可以记住7个额外信息，内容不相同；
(3)当DTC发生时，高级信息可以显示ECU当时的运作控制状态

图 2-1-4　丰田普锐斯车辆故障码具体含义

第三步：检查并记录每一个系统，并检查历史记录数据。历史记录数据可以被用作故障再现试验，因为它知道在故障被检测到时行驶和操作的状态。

表 2-1-3 所列为丰田普锐斯高电压系统中历史记录数据的时间顺序。

丰田普锐斯高电压系统中历史记录数据的时间顺序　　　　　　表 2-1-3

目　录	含　义
END RUN TIME	在一次系统启动中发动机运转的时间
DTC CLEAR WARM	在清除故障码后系统启动的次数

目　录	含　义
DTC CLEAR RUN	在清除故障码后行驶的里程数 (通过比较 DTC CLEAR RUN 和 Data List 可以了解到故障发生后的行驶里程)
DTC CLEAR MIN	清除故障码的时间
OCCURRENCE ORDER	故障发生的顺序

> **注意:**
>
> 　　目前大多数故障诊断仪的故障码读取系统界面中,会在故障码后显示故障码出现的优先顺序,提示诊断维修人员排查故障的正确顺序。

第四步:在分析故障码时,需要区分与故障不关联的故障码。例如,在丰田普锐斯车型中,不关联的故障有:

(1)在日光无法照射的条件下,代码 B1424(日光传感器回路异常)有时会输出。

(2)高电压系统有故障时再生制动器不起作用,电子制动系统 ECU 从 HV ECU 接受故障信号并输出故障码 C1259(HV 系统再生故障)或 C1310(HV 系统故障)。

(3)电动助力系统 ECU 从 HV ECU 接受故障信号并输出故障码 C1546(HV 系统故障)。

(4)当 12V 蓄电池端子断开,电子悬架装置输出(转向中间位置自动校正不完全故障)故障码 B2421。

(5)检查时应按照故障码优先顺序检查 P0A60-501(相位 V 电流传感器故障),在故障恢复后清除故障码,并检查故障是否能够重现,以确定故障是否已可靠排除。

第五步:主动测试功能应用。主动测试主要用于对新能源车辆进行故障检查,并使车辆保持特定的运行状态。例如,在丰田普锐斯车型中主动测试的项目有以下三项。

(1)诊断模式1:将变速器操纵杆置于 P 挡位,连续运行发动机并取消牵引力的控制,以检查发动机点火正时、HC/CO 的排放情况、发动机运转情况及转速表工作情况。

(2)诊断模式2:取消牵引力控制,以检查发动机点火正时、HC/CO 的排放情况、发动机运转情况及转速表工作情况。

(3)变频器驱动强制停止:持续切断 HV ECU 内部的功率三极管,以确认是否在变频器或 HV ECU 内部有漏电。

其基本的检查程序是:

①诊断仪驱动 HV ECU 输出一个长期关闭的指令,如图 2-1-5 所示。

②系统检查变频器 U、V、W 信号,每一个端子的电压应该是 12 ~ 16V,如图 2-1-6 所示。

③系统执行变频器电压检查,变频器一侧的电压应该是 14 ~ 16V,如图 2-1-7 所示。

以上任何一步检查失效,均可以判断对应步骤中的部件发生了高电压泄漏。

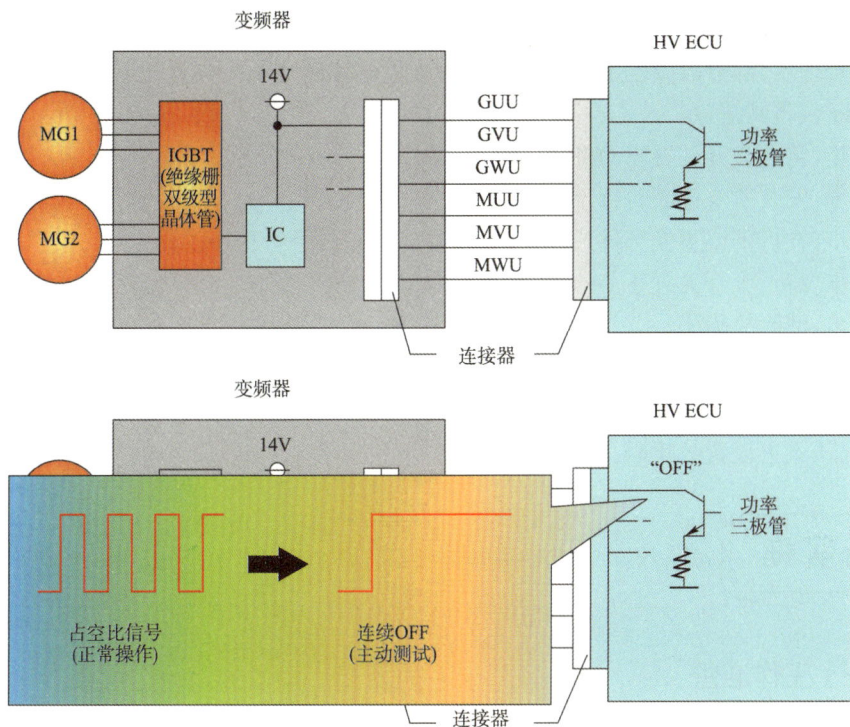

图 2-1-5　HV ECU 输出关闭指令

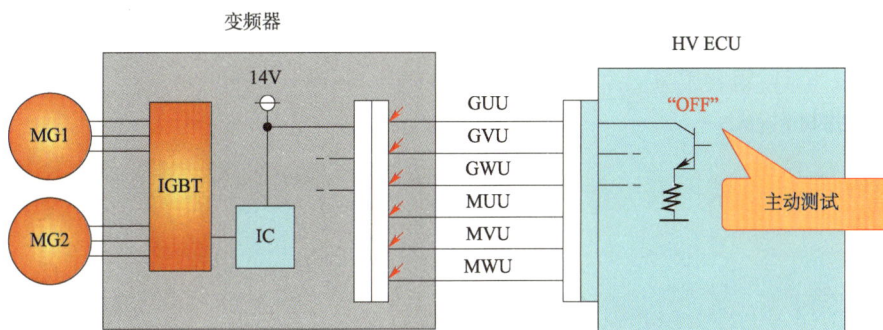

图 2-1-6　系统执行输入端检查

图 2-1-7　系统执行输出端检查

4.诊断与修理后检验

进行修理后,部分故障码需要将点火开关先置于 OFF 位置,再置于 ON 位置后,才可使用故障诊断仪将其清除。

第一步:将点火开关置于 OFF 位置。

第二步:安装所有诊断时拆下或更换的部件或连接器。

第三步:在拆下或更换部件或模块时,可能还需重新进行程序的设定。

第四步:将点火开关置于 ON 位置。

第五步:清除故障码。

第六步:将点火开关置于 OFF 位置持续60s。

第七步:如果修理与故障码有关,则再现运行故障码的条件并使用"冻结故障状态"功能,以便确认不再设置故障码。

任务实施

(一)工作准备

(1)防护装备:绝缘防护装备。

(2)车辆、台架、总成:丰田普锐斯,或同类混合动力电动汽车、纯电动汽车。

(3)专用工具、设备:无。

(4)手工工具:组合工具。

(5)辅助材料:无。

(二)实施步骤

⚠️ **警告:**

在执行高压车辆诊断及维护前,务必佩戴完好个人防护装备,并严格遵守正确的操作步骤。

根据现有实训车辆,完成以下实操:

(1)起动车辆,并在仪表自检过程中,观察仪表警告灯(以实际车型为准),填写完成表2-1-4 中所标识的含义。

警告灯标识   表2-1-4

警 告 灯	含 义
🔋	

续上表

警 告 灯	含 义

(2)分组讨论,当车辆高电压系统动力驱动系统关闭警告灯点亮后,具体的诊断思路和步骤是什么。

主要讨论的项目应包括:

①诊断的基本思路,如先应该问询或观察什么,再做初步的检查等。

②对车辆故障指示灯检查可使用的方法有哪些,包括工具、设备等。

③编写一个可供参考的诊断流程,这将基于使用诊断仪检查后发现存在电机旋变传感器故障码的情况。

学习测试

1. 填空题

(1)针对初学的技术人员来说,诊断策略可以帮助技术人员建立一个正确的_____。

(2)间歇性故障通常是由_____和线束故障、部件故障、_____、行驶状况导致的。

(3)当新能源汽车出现故障时,通常在仪表上会显示出相应的_____来提醒驾驶人,并根据车辆的实际运行情况,以及结合故障类型,启动相应的_____。

(4)当新能源汽车出现警告灯点亮的情况后,遵循检查的原则包括_____、_____和_____。

(5)针对整车无故障但动力性能减弱的情况,需要注意_____是否点亮。

2. 判断题

(1)新能源汽车的基本诊断策略,第一步是理解并确认客户报修问题。 ( )

(2)如果控制系统记忆当前故障码,则应按照指定的故障码诊断,以进行有效的诊断和维修。 ( )

(3)间歇性故障在检修中是最简单的。 ( )

(4)仪表灯闪烁或变暗,说明仪表坏了,需要更换。 ( )

(5)对新能源汽车进行诊断、维修等工作时,必须首先禁用高电压系统。 ( )

3. 单项选择题

(1)诊断新能源汽车故障的第一步是(   )。

    A.检查并确认故障描述   B.使用诊断仪读取 DTC

    C.检查车辆外观   D.了解故障的原因

(2)诊断新能源汽车故障的最后一步是(   )。

  A. 维修故障   B. 清除 DTC

  C. 修理后检验   D. 找出故障位置

(3) 所示警告灯的含义是( )。

  A. 电机及控制器过热   B. 电机功率不足

  C. 动力电池过热   D. 制动盘需要冷却

(4) 动力电池不能正常给系统供电的原因有( )。

  A. 高压电池系统故障

  B. 高压动力电池本体单体存在故障

  C. 高压系统绝缘电阻过低

  D. 以上都是

(5) 起动车辆,"READY"或"OK"指示灯点亮表明( )。

  A. 发动机正在运转   B. 车辆动力系统准备就绪

  C. 挡位为 D 挡   D. 车辆有故障

任务 2   诊断仪的使用与诊断数据分析

提出任务

  如果你的主管要求你去调取一辆客户反映故障车辆的故障码和与故障码相关的关键数据信息,你能正确使用对应车型的诊断仪并读取到你需要的信息吗?

任务要求

● 知识要求

1. 能够描述故障自诊断系统的运行原理;

2. 能够描述比亚迪 ED 400 或同类系列诊断仪的组成与特点;

3. 能够描述丰田 GTS 或同类系列诊断仪的组成与特点。

● 能力要求

1. 能够正确使用 ED 400 或同类仪器对纯电动汽车进行诊断与数据分析;

2. 能够正确使用 GTS 或同类仪器对混合动力电动汽车进行诊断与数据分析。

素质要求

1. 培养良好的职业道德和工匠精神；
2. 培养安全意识和团队协作精神；
3. 养成工作注意细节的习惯，培养为客户提供精细化服务的意识。

相关知识

1. 新能源汽车故障自诊断内容

新能源汽车都装备了大量的电子控制单元（ECU）和传感器、执行器等电气元件。为提高对这些电气元件在售后中故障诊断的速度和准确性，车辆的控制系统都会设计有一套自诊断系统。故障自诊断主要完成对控制单元、传感器和执行器状态的实时监测，其内容包括：

（1）能够实时监测系统的故障信息。

（2）设定故障失效的备份值。在设定一个故障码时，控制器也应该设定一个与该故障信息相对应的默认输入或者输出值，且此默认值必须保证整个系统还能够在一个比较安全的工况下工作。

（3）冻结帧（锁定帧）信息的存储。为了给随后的维修提供参考，同时能够让维修人员更清楚了解故障发生时刻车辆的相关信息，必须定义并存储故障的冻结帧信息。

（4）警告驾驶人。控制器确定了某一个故障后，还必须根据实际情况给驾驶人提供相应的信息，如点亮警告灯或声音提示等。

（5）能够实现与外部通信，外部诊断仪可以获取存储的故障信息。

为了实现上述功能，在使用的专用诊断仪对车辆诊断时，获取的主要信息基本可以概括为故障监测、诊断数据管理和诊断服务，如图 2-2-1 所示。

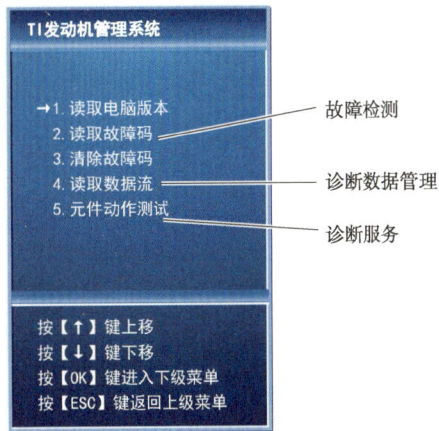

图 2-2-1　故障自诊断内容

2. 故障自诊断过程

1）故障监测

故障监测部分完成了以下几种类型的故障诊断，主要有与电子控制单元相连的传感器、执行器、CAN 通信和控制单元本身的故障。

（1）传感器故障。

传感器用于产生电信号，对传感器的故障诊断在软件中编制有传感器输入信号识别程序或者相应的逻辑判断实现对传感器的故障诊断。传感器故障类型主要有对地短路/断路、对电源短路/断路和传感器性能不佳。传感器类的故障码举例见表 2-2-1。

传感器类故障码举例 表 2-2-1

序　号	故障码编号	故障码内容
1	P2238	氧传感器泵电流电路低(A/F 传感器)(列 1 传感器 1)
2	P2239	氧传感器泵电流电路高(A/F 传感器)(列 1 传感器 1)
3	P2252	氧传感器泵电流电路低(A/F 传感器)(列 1 传感器 1)
4	P2253	氧传感器泵电流电路高(A/F 传感器)(列 1 传感器 1)

(2)执行器故障。

执行器进行的是控制操作,控制信号是输出信号,要对执行器的工作情况进行诊断。一般增设故障诊断电路,即 ECU 向执行器发出一个控制信号,执行器要有一条专用回路向 ECU 反馈其执行情况。当 ECU 得不到反馈信号或与期望值不符合时便认为该执行器已经不能正常工作。执行器类故障码举例见表 2-2-2。

执行器类故障码举例 表 2-2-2

序号	故障码编号	故障码内容	故障可能发生部位
1	P0A09	DC/DC 变换器的信号电路开路或搭铁短路	线束或连接器; 带 DC/DC 变换器的变频器总成
2	P0A10	DC/DC 变换器的信号电路或 +B 短路	线束或连接器; 带 DC/DC 变换器的变频器总成

(3)CAN 通信故障。

①总线关闭故障:控制器不能和总线进行正常通信,CAN 发送器的故障计数器大于 255 时,设置 CAN 总线关闭故障。

②数据帧发送超时故障:在特定时间内,对于 CAN 通信而言,一般为 5 倍的 CAN 发送周期,如果 CAN 数据帧没有发送出去,此时设置数据帧发送超时故障。

③信号错误:如果通信过程中出现信号传输错误,必须要在应用程序中设置默认值,主要的监测方法是通过对每一个信号增加更新位,或者其他方式来间接的判断是否出现信号错误。

(4)ECU 本身故障。

ECU 本身故障主要包括随机存储器(RAM)、只读储存器(ROM)等故障,诊断时在硬件上增加后备回路的同时,还增加独立于 ECU 之外的监视电路,监视回路中设置计数器。当 ECU 正常运行时,由 ECU 中的运行程序对计数器定时进行清零处理,此时监视电路中计数器的数值永远不会出现溢出现象。

当 ECU 出现不正常运行现象时,其将不能对计数器进行定时清零,致使监视计数器发生溢出现象。监视计数器溢出时,其输出电平将由低电平变为高电平,计数器输出电平的变化,将直接触发备用回路。

2)处理方式

(1)故障确认:在故障数据管理中主要对来自故障监测模块的信息进行计数,当计数器达到限值后,即故障确认,并且设置相应的标志位信息。

(2)故障清除:在故障数据管理中根据故障监测模块的信息和当前的故障状态对相应的计数器操作,当该计数器达到相应的限值时,自动清除存储器中该故障的相关信息。

(3)故障数据的存储:在故障数据管理中根据故障的状态将与此故障相关的一些冻结帧及技术器的信息存入存储器中。

普锐斯车型诊断仪对故障码的记录与计数值如图 2-2-2 所示。

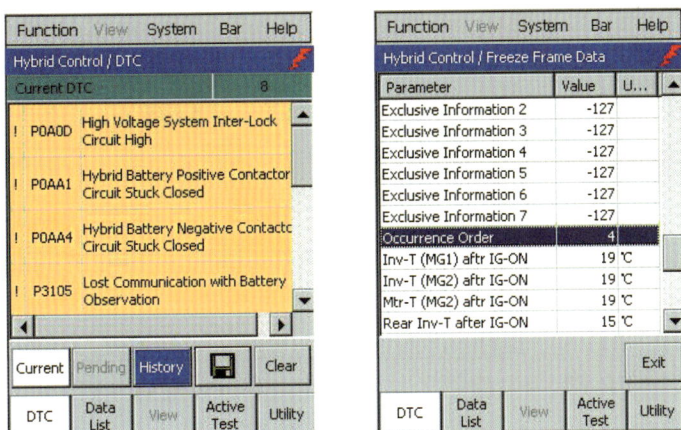

图 2-2-2　普锐斯车型诊断仪对故障码的记录与计数值

3. 比亚迪 ED 400 诊断仪功能与使用

诊断仪器用于对应车型的故障诊断,也称解码器、故障扫描仪等。不同车型采用的诊断仪器也有所不同。除了必须注意高压安全外,新能源汽车检测仪器和传统汽车的检测仪器操作基本相同。

1)主要功能

比亚迪 ED 400 诊断仪(适用于比亚迪纯电动、混合动力车型。厂家会不断升级仪器设备,其他型号的仪器请参照仪器配套的说明书)具备以下功能:

(1)自诊断,主要包括读取故障码和清除故障码。

(2)系统参数显示,主要包括主要参数、测试项和传感器信号电压的显示。

(3)系统状态,主要包括编程状态、冷却系统、稳定工况、动态工况、排放控制、氧传感器、怠速、故障灯、紧急操作和空调 10 项状态的显示。

(4)执行器试验,主要包括故障灯、燃油泵、空调继电器、风扇控制、点火测试和单缸断油6 项功能的测试。

(5)里程计,主要包括车辆行驶里程和行驶时间的显示。

(6)版本信息,主要包括车架号码(可选)、ECU 硬件号码和 ECU 软件号码的显示。

2)诊断仪操作面板简介

比亚迪 ED 400 面板左侧为一个液晶显示器,用于显示各种诊断信息。面板右侧为操作按键部分,如图 2-2-3 所示。

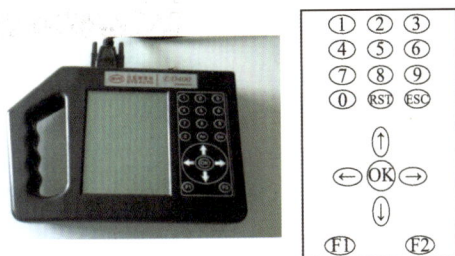

图 2-2-3　比亚迪 ED 400 面板

按键功能介绍如下:

(1)数字键 0~9。数字键主要进行菜单选择和数字输入等。

(2)方向键↑↓←→。上、下键进行菜单选择,左、右键进行翻页操作;在进行数字输入时,向上键进行加 1 操作,向下键进行减 1 操作,向左键进行退格操作,即清除前一位数字;

在进行元件动作测试时左键为关闭操作,右键为激活或打开操作。

(3)重置按键 RST。RST 键用于系统复位。

> **注意:**
>
> RST 键须谨慎使用,使用时请按住此键保持 1~2s 再松开。

(4)返回/退出键 ESC。ESC 键主要用于返回上一级目录、退出当前功能页面和退出当前设置项目。

(5)确定键 OK。OK 键主要用于进入下一级目录和确认进行某一功能操作。

(6)多功能按键 F1、F2。F1 键用于显示帮助内容;F2 键用于打印当前页面内容。这两个按键在特殊情况下可以作为辅助输入功能键,比如输入正负号等,具体见相应页面提示。

3)诊断仪使用说明

> **提示:**
>
> 根据诊断仪的型号、版本以及车型不同,显示界面和操作步骤可能不同,请根据诊断仪器的提示操作。

新能源汽车(以比亚迪汽车为例)诊断仪的使用方法如图2-2-4 所示。

选择读取故障码

图2-2-4 新能源汽车(以比亚迪汽车为例)诊断仪的使用

新能源汽车
诊断仪的使用

(1)与传统汽车诊断一样,从车上的故障诊断接口接上诊断数据线。

(2)使用一键起动按钮为车辆上 ON 挡电。

(3)进入诊断功能选择界面。

(4)选择车型诊断。

(5)进入诊断车型选择界面。

(6)选择需要诊断的车型(如选择比亚迪 e6)。

(7)进入诊断系统选择界面。

(8)选择需要诊断的系统。

(9)进入所选择系统选择界面。

（10）选择对应的系统。

①读取电脑版本。电脑版本信息是厂家自定义的一组数据，用来标识一些基本的信息，如 Vehicle Identification Number，即车辆识别码等。

②读取故障码。该功能可以把 ECU 检测到的故障以特定代码（即故障码）形式显示出来。关于故障码的编码规范详见行业相关标准。如系统无故障，诊断仪将提示"系统无故障"；如系统有故障，"信息栏"将列出所有的故障码及相应故障信息。

③清除故障码。该功能用于把 ECU 中记录的一些历史性或间歇性故障清除。该动作推荐用户重复进行 2~3 次，以确保清除完全。

④读取数据流。该功能用于展示车辆的各项数据状态，如图 2-2-5 所示。

⑤元件动作测试。元件动作测试用于利用诊断仪器直接指令控制系统中执行器的动作，比如指令刮水器继电器动作时，刮水器会动作，表面对应元件的线路及元件本身正常。

图 2-2-5　数据流显示

4. 丰田 GTS 诊断仪的功能与使用

1）组成部件

GTS 是一款基于 PC 平台的诊断仪，它由两部分组成：GTS 软件以及车辆接口模块（VIM），如图 2-2-6 所示。

GTS 连接车辆时会执行系统的自检，自检过程中会点亮相应的指示灯，如图 2-2-7 所示。

图 2-2-6　GTS 主要组成部件

2）诊断仪主要功能

GTS 主要提供的以下基本功能：

（1）诊断功能。

①健康检查（一键式检查）。

②DTC（故障码）及 FFD（快速故障冻结帧数据）查看。

③主动（元件动作）测试。

④数据流查看、利用及对比。

⑤OBD-Ⅱ（第2代车载自诊断系统）诊断。

状态	电源指示灯	电脑通信指示灯	车辆通信指示灯	状态及可能原因说明
		VIM和PC、车辆都连接好		
正常	ON	ON	ON	VIM已和PC、车辆有初始通信
正常	ON	ON	闪烁	VIM正在和车辆通信
正常	ON	闪烁	ON	VIM正在和PC通信
正常	ON	闪烁	闪烁	VIM正在和PC、车辆通信
异常	OFF	OFF	OFF	VIM没有电源或电源电压过低、连接缆或者VIM损坏
正常/异常	ON	OFF	OFF	在通信中，VIM正在处理相关代码 通信错误，VIM与PC通信异常

图 2-2-7　故障自检过程

⑥MPX 总线检查。

⑦DLC-3(诊断接口3)电缆检查。

⑧检查模式。

⑨全部准备好(准备就绪)。

(2)数据文档的保存、使用(文件树、时间记录、驾驶记录仪数据、数据合并)。

(3)其他功能。

①定制(根据用户需求定制功能)。

②钥匙码注册与删除(防起动系统)。

③维修辅助,包括重置学习值、制动系统排气等。

3)常用功能介绍

(1)健康检查。

操作健康检查即一键式检查,其检查结果包含当前车辆的 DTC、DTC 的时间标签、FFD、监视器状态及 ECU 通信(包括编程 ID)的诊断检查。健康检查连接界面如图 2-2-8 所示。

图 2-2-8　健康检查连接界面

在健康检查中,ECU 按照"系统区域"进行分类,如"传动系统""底盘"及"车身电器"。用户通过"健康检查"可以诊断特定系统区域的 ECU,从而缩短检查所需的时间。健康检查结果如图 2-2-9 所示。

(2)其他常用功能。

其他常用功能,如故障码(DTC)显示、主动测试、数据流、CAN 总线检查请参照仪器的提示步骤进行。

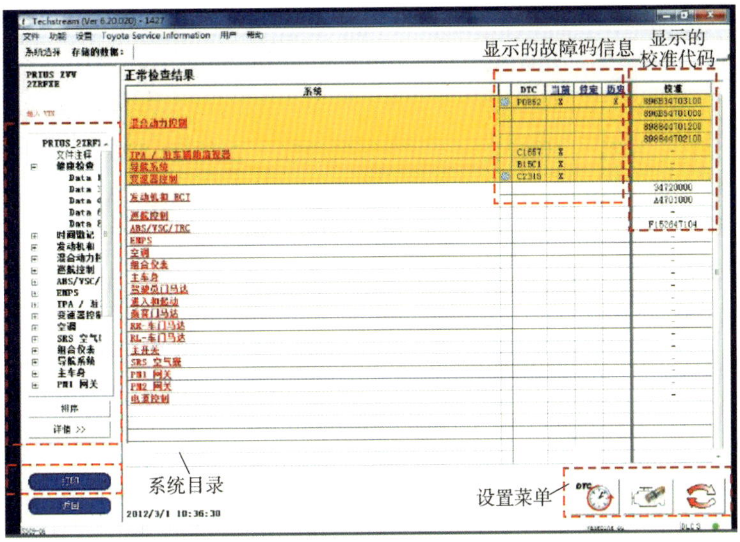

图 2-2-9　健康检查结果

任务实施

（一）工作准备

（1）防护装备：绝缘防护装备。
（2）车辆、台架、总成：比亚迪 e6、丰田普锐斯。
（3）专用工具、设备：ED 400 诊断仪、GTS 专用诊断仪，或适用的同类仪器。
（4）手工工具：组合工具。
（5）辅助材料：无。

（二）实施步骤

> **提示：**
>
> 检测前请进行维护用品的安装。
> （1）打开主驾驶车门，铺设脚垫，套上转向盘套、座椅套。
> （2）断开点火开关，挂入 P 挡，拔出车辆钥匙。
> （3）打开发动机舱盖，固定支架，铺设翼子板护垫。

1. 比亚迪 ED 400 诊断仪使用与数据流的读取

下面以比亚迪 e6 为例，介绍比亚迪 ED 400 诊断仪使用与数据流读取方法。

> ⚠ **警告：**
>
> 　　在接通汽车后诊断仪屏幕会亮起,若程序未运行或出现乱码情景,可拔下仪器的数据线重新连接一次,即可继续操作。测试时请确保测试接头和诊断仪器接触良好,以保证信号传输不会中断。

比亚迪 e6 静态数据流读取步骤如下：

(1)打开诊断仪工具箱。

(2)取出诊断仪器、诊断仪连接线。

(3)连接诊断仪器上的通信接口。

(4)连接诊断线到车辆 OBD-Ⅱ诊断座。

(5)起动车辆,打开仪器电源,进入功能选择界面,选择车型诊断。

(6)选择所检测的车型,进入动力网系统。

(7)进入读取动力网全部模块故障码,查询所有故障。

(8)进入主控制器,选择需要诊断的模块,如 PTC 模块。

(9)读取系统故障码。

(10)记录故障码内容后,清除故障码。

(11)重新读取故障码,查看故障码是否被清除。

(12)返回车辆主菜单,进入高压电池管理器。

(13)读取电脑版本。

(14)读取系统故障码。如有故障码,参照前面步骤清除故障码。

(15)读取数据流。根据检测需要进行数据流读取(图 2-2-10)。

(16)退出至诊断仪主菜单,结束诊断(图 2-2-11)。

比亚迪 e6 诊断仪的
使用与读取

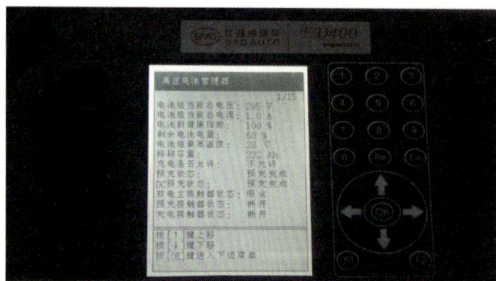

图 2-2-10　动力电池组数据流

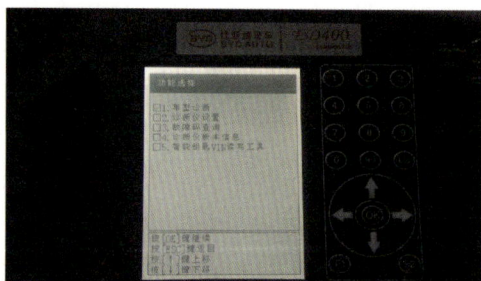

图 2-2-11　诊断仪主菜单

比亚迪 e6 动态数据流读取步骤如下：

(1)进入车型诊断。

(2)进入车辆车型。

(3)进入比亚迪 e6 动力网系统。

(4)进入 VIOG 控制器。

（5）读取电脑版本。

（6）读取各工况的动态数据流。

①踩下制动踏板，挂入前进挡（图2-2-12）。

②踩下加速踏板（图2-2-13）。

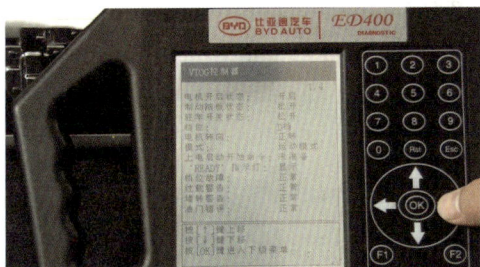

图2-2-12　挂入前进挡的数据流

图2-2-13　踩下加速踏板的数据流

③再次踩下制动踏板，挂入倒车挡。

④再次踩下加速踏板（图2-2-14）。

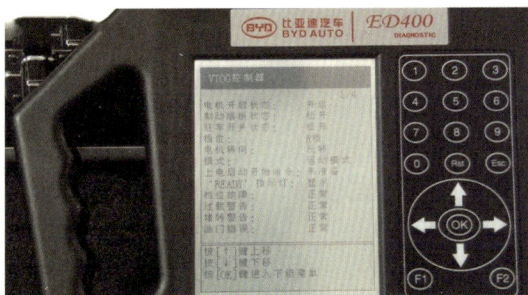

图2-2-14　再次踩下加速踏板的数据流

（7）第三次踩下制动踏板，挂入空挡。

（8）返回诊断仪主菜单。

2. 丰田普锐斯故障码的读取、数据流读取和执行主动测试

丰田普锐斯诊断仪使用与数据读取方法如下：

（1）将诊断仪接口插入 OBD-Ⅱ 诊断座。

（2）打开点火开关至 ON 位置。

💡 **注意：**

如果点火开关处于 OFF 或 ACC 位置，则无法与车辆电脑进行通信。当 GTS 被打开时，切记将点火开关转到 ON 或起动发动机。

（3）按下 GTS 电源开关，将电源接通。

GST 通信检查如下：

(1)三个灯同时都是常亮状态，表示 VIM 已和 PC、车辆有初始通信，且通信正常。

(2)如果电源指示灯常亮，电脑通信指示灯、车辆通信指示灯闪烁，说明 VIM 正在和 PC、车辆通信(图 2-2-15)。

图 2-2-15　GST 通信检查

(4)健康检查即一键式检查，其检查结果包含当前车辆的故障码、故障码的时间标签、传感器监视器状态及 ECU 通信的诊断检查。

(5)在健康检查中，ECU 按照"系统区域"进行分类，如"传动系统""底盘"及"车身电气"。用户通过"健康检查"可以诊断特定系统区域的 ECU，从而缩短检查所需的时间(图 2-2-16)。

(6)健康检查完毕后，可以看到检查的系统及对应的故障码。

(7)点击可以查看故障码的时间标签，及故障码对应的解释信息。

(8)返回首页可以看到健康检查的结果，白色表示 ECU 通信良好。

(9)点击系统名称可以看以查看对应系统的内容。

(10)首先显示系统有无故障码。

(11)选择数据列表可以查看对应系统的数据流(图 2-2-17)。

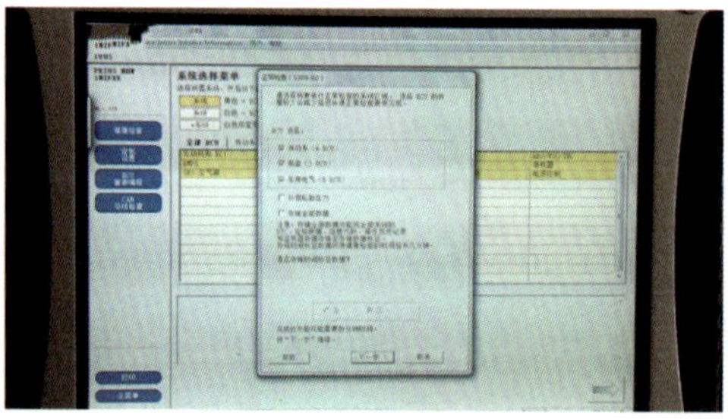

图 2-2-16　健康检查

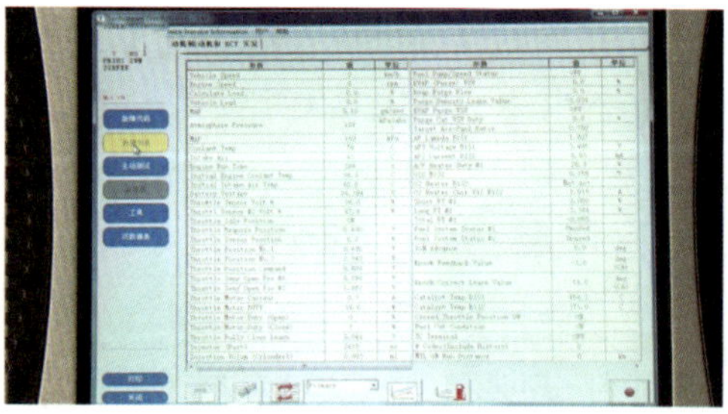

图 2-2-17　对应系统的数据流

(12)除查看对应系统的数据流外，还可以对比数据波形(图 2-2-18)。

(13)主动测试功能强制驱动继电器、执行器和电磁线圈等。如果在主动测试中运行正常,则可以判断从 ECU 至继电器、执行器和电磁线圈等的电路正常。

(14)进行 CAN 总线检查。

(15)执行此功能,可以显示连接到 CAN 总线的所有 ECU 列表(图 2-2-19)。

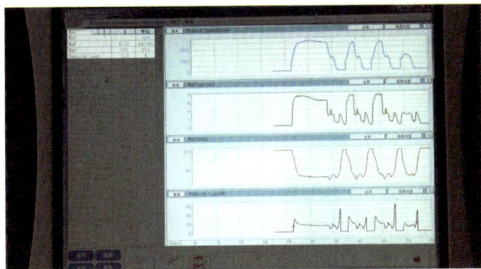

图 2-2-18　对比数据波形

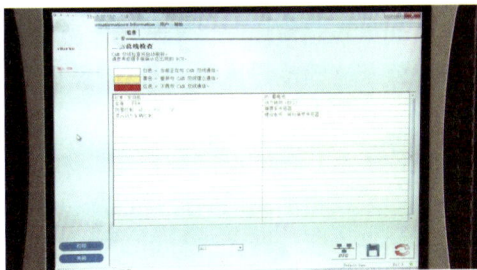

图 2-2-19　执行 CAN 总线检查

(16)读取完毕,关闭检测仪,取下诊断接头。

思政点拨

汽车诊断中的工匠精神

新能源汽车都装备了大量的电子控制单元(ECU)、传感器和执行器。当某一电路出现超出规定的信号时,该电路及相关的传感器反映的故障信息以故障代码的形式存储到 ECU 内部的存储器中,维修人员可利用该诊断仪来读取故障码,使其显示出来,用户可以利用它迅速地读取汽车电控系统中的故障,并通过液晶显示屏显示故障信息,迅速查明发生故障的部位及原因。

但是有些故障是偶发性的,有些故障可能是由于别的原因间接导致的、有的可能是多种因素叠加的、有的可能是由于外界环境原因造成的等,情况异常复杂,不能完全依赖诊断仪给出的结果。维修人员要认真分析,综合研判,用多种手段来验证,对大量的数据进行分析对比,特别是疑难杂症问题,对维修人员是极大的考验。这就需要我们有过硬的基本知识、清晰的逻辑分析能力和丰富的维修经验,要有钉钉子的精神,锲而不舍,在工作中充分发挥工匠精神,经过长期的锻炼和学习,必定能成为能工巧匠、大国工匠。

学习测试

1.填空题

(1)故障自诊断主要完成对_____、传感器和_____的状态进行实时监测。

(2)数据流读取的功能用于向用户展示车辆的各项_____。

(3)_____信息的存储,为了给随后的维修提供参考,了解故障发生时刻车辆的相关信息。

(4)执行器进行的是_____操作,控制信号是_____信号,要对执行器的工作情况进行诊断。

(5)如果点火开关处于_____或_____位置,仪器则无法与车辆电脑进行通信。

2. 判断题

(1)如果控制模块记忆了传感器故障码,则必须更换传感器。   (   )

(2)除了必须注意高压安全外,新能源汽车检测仪器和传统汽车的检测仪器操作基本相同。   (   )

(3)传感器产生的电信号,属于输出信号。   (   )

(4)如果在主动测试中运行正常,则可以判断从 ECU 至执行器的电路正常。   (   )

(5)如果诊断仪器无法与车上的控制单元连接,说明诊断仪器已损坏。   (   )

3. 单项选择题

(1)车辆的故障监测部分完成故障诊断的类型主要有(   )。

    A. 传感器   B. 执行器

    C. CAN 通信和控制单元本身   D. 以上都是

(2)诊断仪器的自诊断功能包括(   )。

    A. 故障码读取   B. 故障码清除

    C. A 和 B 都对   D. A 和 B 都不对

(3)使用诊断仪器读取动态数据流时,必须满足的条件是(   )。

    A. 诊断仪器和车载电脑通信正常   B. 车辆处于运行状态

    C. A 和 B 同时满足   D. A 和 B 之一满足即可

(4)使用 IT-2 可以执行的诊断或读取功能有(   )。

    A. 读取故障码   B. 读取数据流

    C. 主动测试   D. 以上都是

(5)主动测试功能用于(   )。

    A. 强制驱动继电器、执行器和线圈工作   B. 主动读取车辆故障码

    C. 主动检查车辆模块内部故障和数据流   D. 主动记录故障码

纯电动汽车故障诊断与排除

本项目主要介绍纯电动汽车的故障诊断与排除。根据纯电动汽车常见的故障范围及维修策略,主要学习以下 3 个任务:

任务 1　纯电动汽车电池系统故障诊断与排除;

任务 2　纯电动汽车电机及驱动系统故障诊断与排除;

任务 3　纯电动汽车整车动力控制系统故障诊断与排除。

通过以上 3 个任务的学习,你将了解到纯电动汽车的结构组成与控制原理,掌握纯电动汽车主要系统的基本诊断流程,以及常见车辆运行数据的分析与判断思路,并掌握纯电动汽车的故障排除方法。

任务 1　纯电动汽车电池系统故障诊断与排除

提出任务

一辆比亚迪 e6 因为动力电池存在故障而无法行驶,动力故障灯点亮。你的主管已经初步做了诊断,确定故障的范围应该在电池管理系统或高压配电箱(BDU)上,要求你负责诊断并排除这辆汽车的故障,你能完成这个任务吗?

任务要求

● **知识要求**

1. 能够描述电源管理控制器故障的诊断与排除方法;

2.能够描述高压配电箱故障的诊断与排除方法;

3.能够描述动力电池故障判断基本思路与注意事项。

能力要求

1.能够进行动力电池组总成更换;

2.能够进行动力电池电压检测;

3.能进行动力电池组及单个电池电压数据检测;

4.能够进行高压配电箱更换。

素质要求

1.培养良好的职业道德和工匠精神;

2.培养安全意识和团队协作精神;

3.培养正确的劳动态度,弘扬劳动精神、奋斗精神、奉献精神。

相关知识

1.电池管理系统故障的诊断与排除方法

新能源汽车(电动汽车)电池管理系统负责采集动力电池的电池单元(单体电池)的电压、温度、电流数据,控制动力电池处于最佳的充放电水平;此外,电池管理系统还会负责控制高压配电箱内高压接触器的接通与断开,并诊断接触器故障信息。

1)故障症状

(1)电池管理系统存在故障时,会导致高电压系统内接触器不能工作,使车辆失去动力。

(2)位于车辆仪表内 [图标]动力系统故障警告灯或 [图标]动力电池故障警告灯将点亮。

2)故障可能原因

电池管理系统的主要故障原因是系统的电池管理器(也称电源管理控制器)电源供电异常,或控制器自身搭铁不良。

3)诊断步骤

以比亚迪 e6 为例,其他车型可以参考相应的维修手册及相关资料。

(1)读取故障码(DTC)。使用诊断仪读取可能存在的以下 DTC:P1A58-00(电池管理系统初始化错误)。

(2)诊断步骤。根据 DTC 提示完成故障检测,包括电源和搭铁的线路检测。

比亚迪 e6 电池管理系统的电池管理器(也称电源管理器)电源与搭铁诊断参考电路如图 3-1-1 所示。

①使用万用表测量电池管理器 M33-6 号针脚,标准值为蓄电池电压。

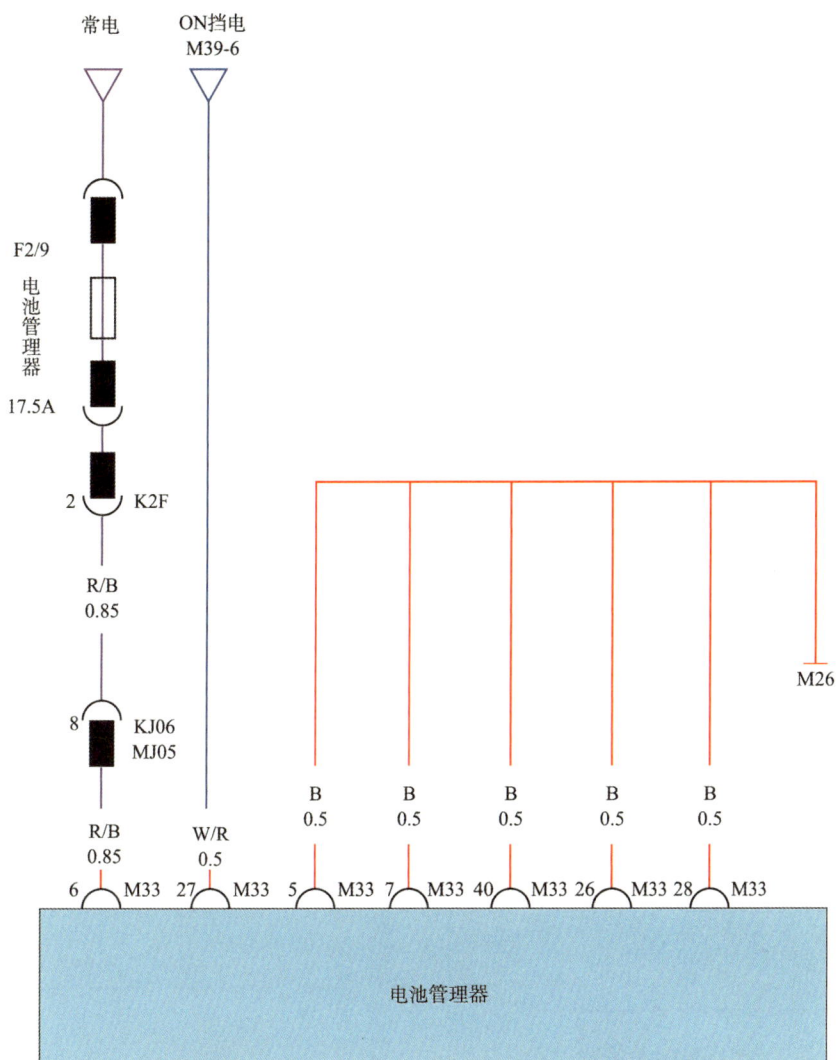

图 3-1-1　比亚迪 *e*6 电源管理器电源和搭铁参考电路图

②使用万用表测量电池管理器 M33-27 号针脚,在点火 ON 挡下,标准值为蓄电池电压。

③使用万用表测量电池管理器 M33-5、7、40、26、28 号针脚,在蓄电池负极断开情况下,与车身搭铁电阻标准值为 0.2Ω 以下。

4)电池管理器其他的故障诊断

(1)典型故障 DTC。使用诊断仪读取可能存在的以下 DTC:P1A40-00(单节电池温度传感器故障)。

可能的故障范围:温度传感器、线束。

(2)DTC 诊断步骤。参考维修手册制订 DTC 诊断步骤执行诊断。

(3)DTC 诊断参考电路图如图 3-1-2 所示。

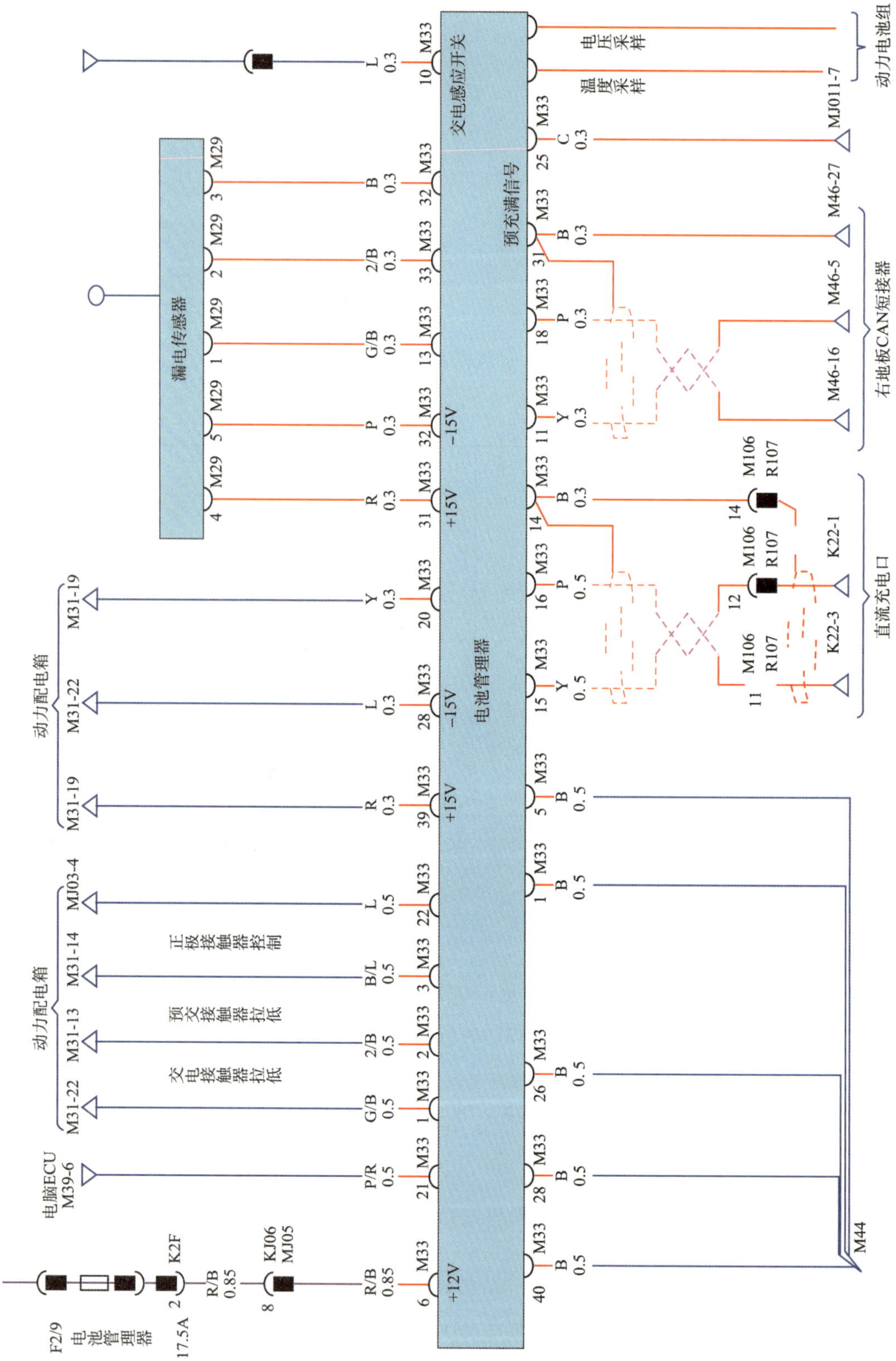

图3-1-2 比亚迪e6电源管理器参考电路图

(4)电池管理系统的电池管理器端子定位如图3-1-3所示,电压正常值见表3-1-1。

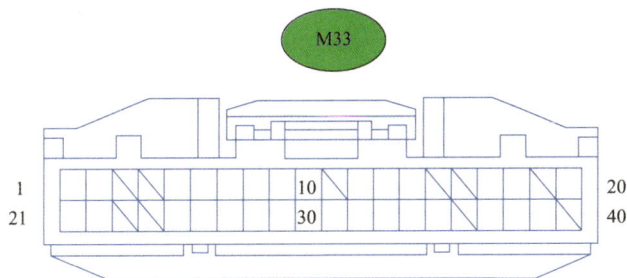

M33

```
  1        10      20
 21        30      40
```

图 3-1-3 比亚迪 e6 电源管理器端子图

电池管理器端子与电压正常值   表 3-1-1

连 接 端 子	端 子 描 述	线色	条 件	正 常 值
1—车身搭铁	充电接触器控制	G/B	充电	<1V
2—车身搭铁	预充接触器控制	Y/B	起动	<1V
5—车身搭铁	车身搭铁	B	始终	<1V
6—车身搭铁	电源信号	R/B	常电	11～14V
7—车身搭铁	车身搭铁	B	始终	<1V
10—车身搭铁	充电感应开关	L	充电	<1V
12—车身搭铁	漏电传感器电源	W	起动	约 –15V
13—车身搭铁	一般漏电信号	G/Y	一般漏电	<1V
14—车身搭铁	屏蔽地	B	始终	<1V
15—车身搭铁	充电通信 CAN-L	V	充电	1.5～2.5V
16—车身搭铁	充电通信 CAN-H	P	充电	2.5～3.5V
17—车身搭铁	F-CAN-L	V	电源 ON 挡	1.5～2.5V
18—车身搭铁	F-CAN-H	P	电源 ON 挡	2.5～3.5V
20—车身搭铁	电流霍尔信号	G	电流信号	—
21—车身搭铁	正极接触器控制	R/Y	起动	<1V
22—车身搭铁	DC 继电器	L	充电或起动	<1V
25—车身搭铁	预充信号	G/R	上 ON 挡电后 2s	<1V
26—车身搭铁	车身搭铁	B	始终	<1V
27—车身搭铁	电源	W/R	电源 ON 挡/充电	11～14V
28—车身搭铁	车身搭铁	B	始终	<1V
31—车身搭铁	漏电传感器电源	R	起动	约 +15V
32—车身搭铁	漏电传感器电源	B	始终	<1V
33—车身搭铁	严重漏电信号	B/Y	严重漏电	<1V
37—车身搭铁	屏蔽地	B	始终	<1V
38—车身搭铁	电流霍尔电源	L	起动	约 –15V
39—车身搭铁	电流霍尔电源	R	起动	约 +15V

5）电池管理器更换流程

如果确认电池管理器损坏,应进行更换。

（1）将车辆退电至 OFF 挡,拆下后排座椅,断开维修开关,等待 5min。

（2）拔掉电池管理器上连接的动力电池采样线和整车低压线束的接插件,拔掉整车低压线束在电池管理器支架上的固定卡扣。

（3）用 10 号套筒拆卸电池管理器的固定螺母。

（4）更换电池管理器,插上动力电池采样线和整车低压线束的插接件,插上维修开关手柄。

（5）断开维修开关,用 10 号套筒拧紧电池管理器的固定螺母。

（6）插上维修开关手柄,完成更换。

2. 高压配电箱故障的诊断与排除方法

如图 3-1-4 所示,高压配电箱是控制高电压接通与关闭的执行部件,内部主要由多个高压接触器组成,这些接触器由电池管理系统控制。图 3-1-5 所示是高压配电箱内部控制电路图(预充满回路)及控制方式。

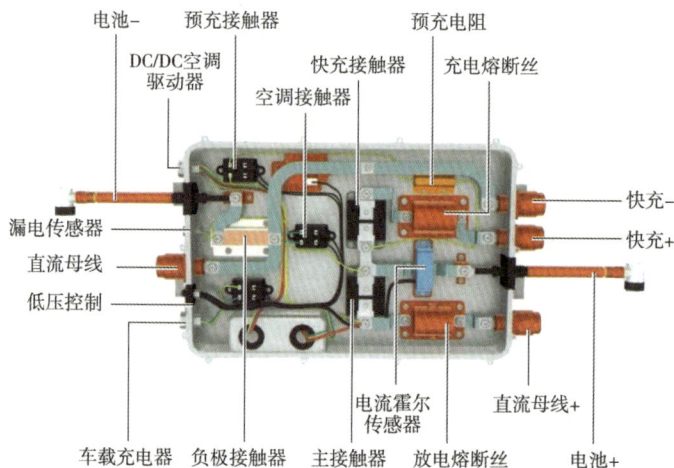

比亚迪 e6 高压配电箱结构

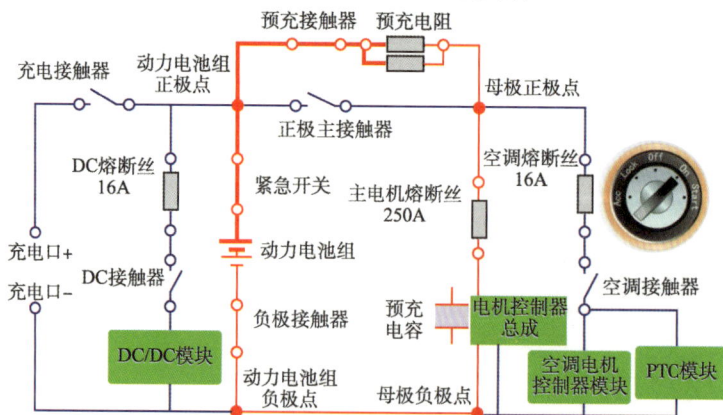

图 3-1-4 比亚迪 e6 高压配电箱结构

预充满回路电路

图 3-1-5 比亚迪 e6 高压配电箱内部电路

注:电机控制器检测到母线电压达到电池电压的 2/3 时,发送充满信号给电源管理器。

　　电池管理系统的电池管理器是高压配电箱内高压接触器的诊断主控模块,会诊断接触器是否按照预定的要求打开与关闭,不正常的吸合,如触电烧蚀会产生接触器类故障码。

1)故障症状

(1)高压配电箱内的高压接触器存在故障时,会导致高电压系统内接触器不能工作,使车辆失去动力。

(2)位于车辆仪表内 ⚡ 动力系统故障警告灯将点亮。

2)故障可能原因

接触器自身线圈损坏或者控制线路接触不良。

排除方法:检修线路,或更换配电箱。

3)诊断步骤

(1)读取DTC。使用诊断仪读取可能存在的以下DTC:P1A5D–00(电机控制器预充未完成)。

(2)诊断步骤。根据DTC提示完成故障检测,包括电源和搭铁的线路检测。

电源与搭铁诊断参考电路分别如图3-1-6和图3-1-7所示。

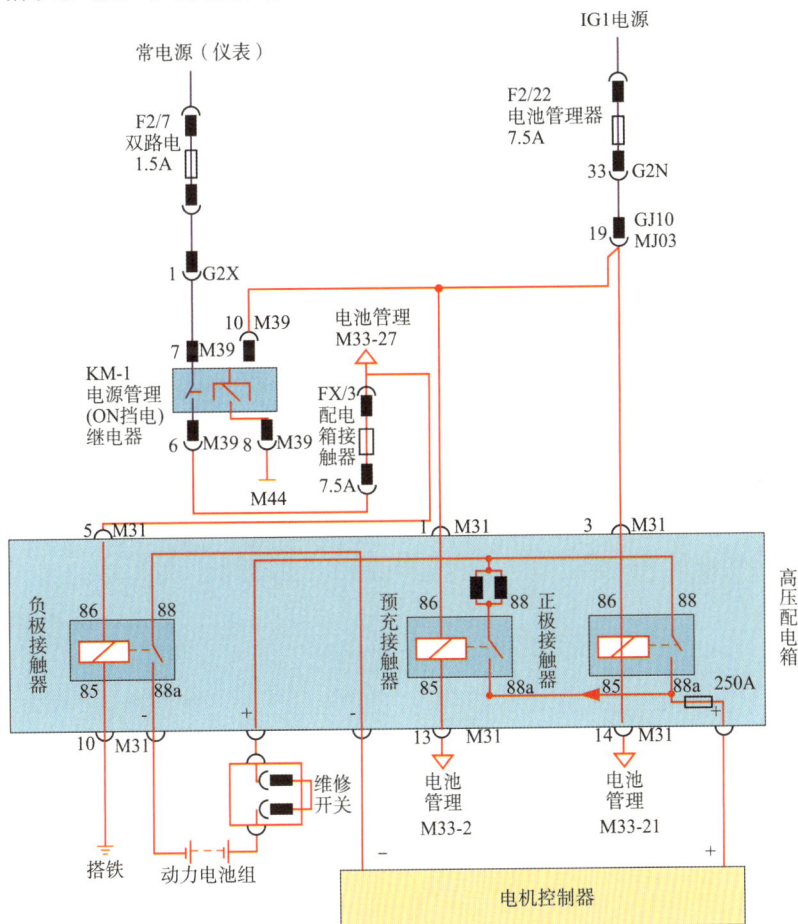

图3-1-6　比亚迪e6高压配电箱驱动系统电路图

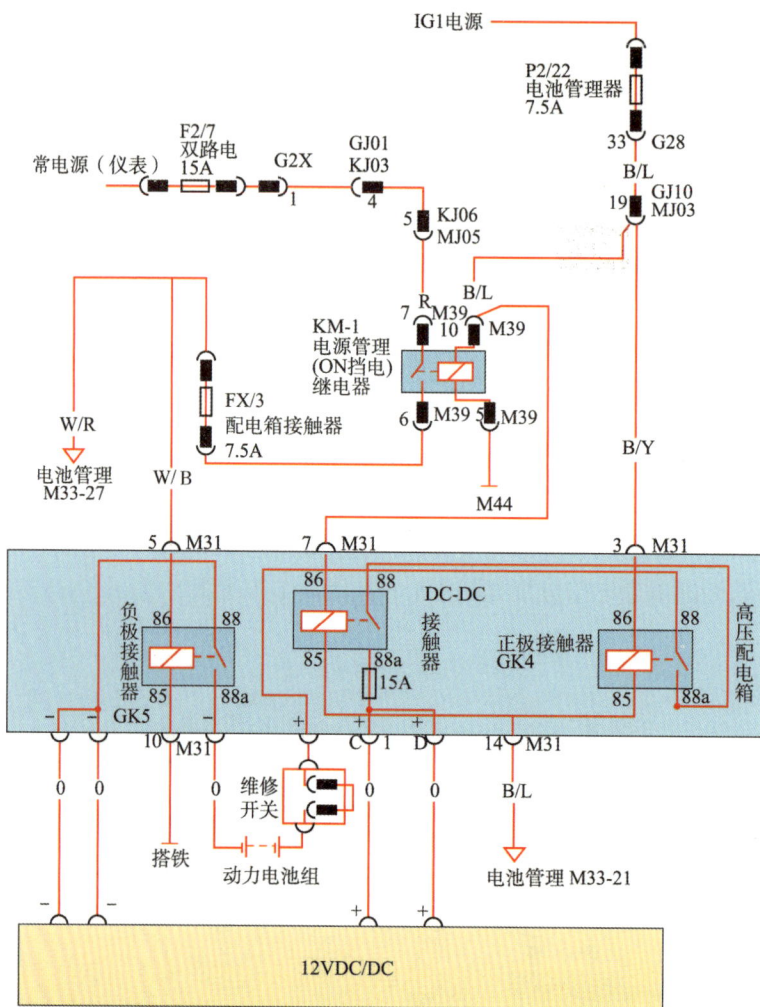

图 3-1-7　比亚迪 e6 配电箱在 DC/DC 系统的高压电路图

（3）配电箱端子测量。

①拔下高压配电箱 M31 连接器。

②测量线束端连接器各端子间电压或电阻（图 3-1-8、表 3-1-2）。

M31

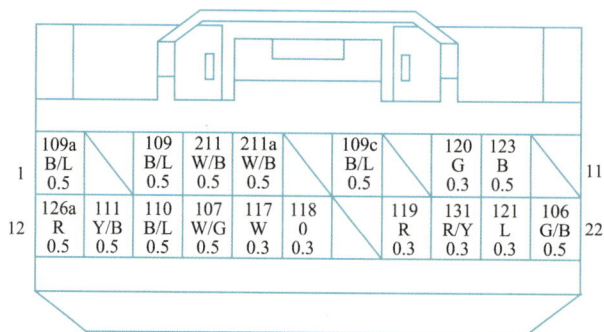

1	109a B/L 0.5		109 B/L 0.5	211 W/B 0.5	211a W/B 0.5		109c B/L 0.5		120 G 0.3	123 B 0.5	11
12	126a R 0.5	111 Y/B 0.5	110 B/L 0.5	107 W/G 0.5	117 W 0.3	118 0 0.3		119 R 0.3	131 R/Y 0.3	121 L 0.3	106 G/B 0.5	22

图 3-1-8　比亚迪 e6 高压配电箱端子图

比亚迪 e6 高压配电箱连接器各端子间电压或电阻正常值　表 3-1-2

端　　子	线　　色	条　　件	正　常　值
M31-1—车身搭铁	G	电源打到 ON 挡	11～14V
M31-3—车身搭铁	B/Y	电源打到 ON 挡	11～14V
M31-10—车身搭铁	B	始终	<1Ω

3. 动力电池故障判断基本思路与注意事项

1）基本判断思路

（1）通过故障诊断仪读取电池组数据，并配合接线板进行实测，通过最终数据进行判断是动力电池故障，还是电源管理控制器或其他组件故障。

（2）单节（单体）电池电压值异常，单节电压过高会导致无法充电，过低会导致断电保护。充电过程中，单节最高电压应低于 3.8V，行车过程中，单节电压低于 2.2V 会断电保护，低于 2.4V 系统报警。

（3）单节电池温度异常，温度过高会导致无法充电（高于 65℃充电保护）。

（4）进行动力电池组总成损坏及漏液、漏电检测。

2）动力电池对外绝缘电阻要求

（1）绝缘电阻值的要求。在动力电池的整个寿命周期内，绝缘电阻值应大于 500Ω/V。

（2）测试前要求。在整个测试过程中，动力电池的开路电压等于或高于其标称电压值，动力电池两极应与动力装置断开。

（3）测量工具。能够测量直流电压的万用表，其内阻应大于 10MΩ，绝缘等级为 CAT-Ⅲ。

任务实施

（一）工作准备

（1）防护装备：绝缘防护装备。

（2）车辆、台架、总成：比亚迪 e6 或其他纯电动汽车，或同类车型台架。

（3）专用工具、设备：比亚迪故障诊断仪、万用表，或其他适用的设备。

（4）手工工具：组合工具。

（5）辅助材料：诊断与维修必要的熔断丝等耗材。

（二）实施步骤

本操作任务主要完成对纯电动汽车（以比亚迪 e6 为例）的动力电池系统的故障诊断与排除。

⚠️ **警告:**

(1)禁止未参加该车型高压系统知识培训的维修人员拆卸高压系统,包括手动维修开关、动力电池组总成、驱动电机、电力电子箱、高压配电单元、高压线束、空调压缩机、PTC电加热器、充电线束、充电口等高压部件。正常情况下,在拆除手动维修开关后,高压系统还存在高压电,这是由电机控制器中高压电容的存在造成的。需要经过一段时间的等待,高压电容中的电才能被完全释放。

(2)在拆解或装配高压部件时,必须断开12V蓄电池负极桩头和手动维修开关。

(3)在进行高压相关操作前,维修人员必须穿戴好劳保用品,戴好绝缘手套,穿好高压绝缘鞋。在戴绝缘手套前,必须检查绝缘手套是否有破损的地方,确保手套无绝缘失效。

(4)在安装和拆解过程中,应防止制动液、洗涤液等液体进入或飞溅到高压部件上。

1. 动力电池电压检测

动力电池电压检测操作过程如下。

(1)在已经执行高压中止与检验的前提下,拆卸动力电池母线,拉出限位销,拔出动力电池高压母线负极(图3-1-9)。

(2)拉出限位销,拔出动力电池高压母线正极。

(3)安装维修开关(图3-1-10)。

比亚迪e6动力电池电压检测

图3-1-9 拆卸动力电池母线

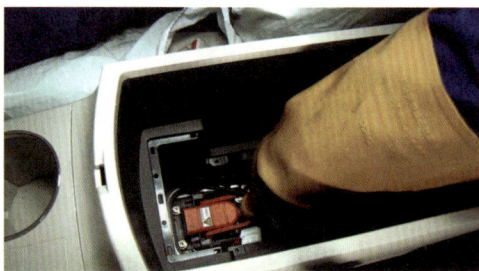

图3-1-10 安装维修开关

(4)安装低压蓄电池负极。

(5)按下点火开关到ON位置(仪表"OK"指示灯点亮)。

(6)将万用表旋至直流电压挡(图3-1-11)。

(7)将红、黑表笔分别插入动力电池高压正、负极端子中,测得动力电池电压,应为307V左右(图3-1-12)。

(8)拔出红、黑表笔,关闭万用表。

(9)拆下蓄电池负极。

(10)拆下手动维修开关,等待5min。

(11)对准限位槽,安装动力电池高压母线负极,插入限位销。

图 3-1-11　将万用表旋至直流电压挡

图 3-1-12　测量动力电池电压

（12）对准限位槽，安装动力电池高压母线正极，插入限位销。

（13）安装维修开关。

（14）安装低压蓄电池负极。

2. 动力电池组及单体电池电压数据检测

动力电池组及单个（单体）电池电压检测操作流程如下。

> ⚠️ **警告：**
>
> 　　在接通汽车后，诊断仪屏幕会亮起，若程序未运行或出现乱码情景，拔下仪器的数据线重新连接一次，即可继续操作。操作过程中请确保测试接头和诊断仪器接触良好，以保证信号传输不会中断。

（1）将诊断仪器连接到车辆 OBD-Ⅱ诊断座上。

（2）起动车辆。

（3）选择高压电池管理器（图 3-1-13）。

（4）读取系统故障码，读取完毕后退出，并记录读取到的故障码。

（5）读取数据流。

①查看单体电池电压等数据（图 3-1-14）。

图 3-1-13　选择高压电池管理器

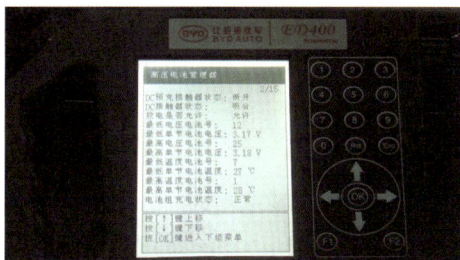

图 3-1-14　查看单体电池电压等数据

②查看电池包电压采样数据（图 3-1-15）。

③查看电池包温度采样数据（图 3-1-16）。

（6）退出至诊断仪主菜单。

（7）关闭仪器，拆卸接线。

图 3-1-15　查看电池包电压采样数据

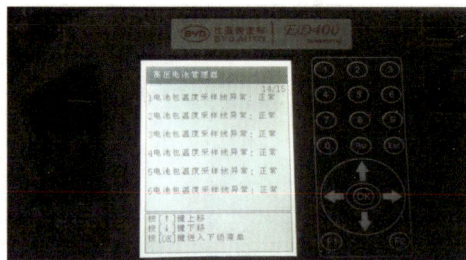

图 3-1-16　查看电池包温度采样数据

3. 高压配电箱的更换

1)高压配电箱的拆卸

高压配电箱的拆卸步骤如下。

(1)在后座椅上铺翼子板护垫。

(2)拆下后排座椅坐垫左右两侧固定螺栓。

(3)掀开后排座椅坐垫前方左右两侧固定卡钩,取出后排座椅坐垫。

(4)取出行李舱盖板,取出随车工具。

(5)拆卸高压配电箱保护盖后部 2 个固定螺栓。

(6)取下左右两侧后排座椅转轴支架护罩,拉下座椅左右两侧固定导索。

(7)拆下后排座椅转轴支架螺栓,将后排座椅靠垫搬出驾驶室。

(8)挑开与高压配电箱盖板相连接的安全气囊线束。

(9)掀开高压配电箱盖板,拔下遥控器天线插头,取出高压配电箱盖板。

(10)拉出限位销,拔出动力电池高压母线负极;拉出限位销,拔出动力电池高压母线正极。

(11)拔下电机控制器高压母线正极,以及电机控制器高压母线负极。

(12)拔下车载充电机充电线,以及低压控制线束插头。

(13)拔下漏电传感器高压负极插头。

(14)拔下 DC/DC 变换器、空调控制器高压插头。

(15)拆下高压配电箱的 4 个固定螺栓(图 3-1-17)。

(16)取下高压配电箱(图 3-1-18)。

图 3-1-17　拆卸高压配电箱的固定螺栓

图 3-1-18　取下高压配电箱

2)高压配电箱的安装

高压配电箱的安装步骤如下。

（1）将高压配电箱安装到指定位置。

（2）安装 4 个固定螺栓（图 3-1-19）。

（3）安装 DC/DC 变换器、空调控制器插头（图 3-1-20）。

图 3-1-19　安装高压配电箱固定螺栓

图 3-1-20　安装 DC/DC 变换器、空调控制器插头

（4）安装漏电传感器高压负极插头（图 3-1-21）。

（5）安装电机控制器高压母线负极插头，插入限位销（图 3-1-22）。

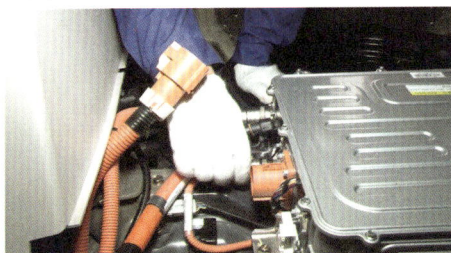

图 3-1-21　安装漏电传感器高压负极插头

图 3-1-22　安装电机控制器高压母线负极插头，插入限位销

（6）安装低压线束插头（图 3-1-23）。

（7）安装车载充电机充电线，并锁紧（图 3-1-24）。

图 3-1-23　安装低压线束插头

图 3-1-24　安装车载充电机充电线

（8）安装电机控制器高压母线正极插头，插入限位销（图 3-1-25）。

（9）安装动力电池高压母线负极、正极，插入限位销（图 3-1-26）。

（10）安装高压配电箱保护盖，将盖板固定到后排座椅支架下方的两个螺丝杆上。

（11）安装保护盖前部螺母，安装遥控器天线插头。

（12）紧固保护盖后部螺母。

（13）安装安全气囊线束固定卡扣。

（14）紧固保护盖前部螺母。

（15）将后排座椅坐垫放入车内；整理好安全带，将安全带插头插入后排座椅的孔内；安装后排座椅坐垫，紧固螺钉。

图 3-1-25　安装电机控制器高压母线正极接插件

图 3-1-26　安装动力电池高压母线正负极

（16）将后排座椅靠垫固定在后排座椅支架上,安装后排座椅支架的固定螺栓。

（17）用力推后排座椅靠垫,将后排座椅靠垫固定在支柱上。

（18）安装后排座椅转轴支架护罩。

（19）放好随车工具,安装行李舱盖板。

（20）关闭行李舱。

（21）安装维修开关。

（22）安装低压蓄电池负极。

4. 动力电池总成的更换

💡 **提示：**

本实训步骤根据实训室条件及实际情况选做。

目前仅支持更换整个动力电池总成,并不支持电池单元(单体电池)的维修或更换,因为不同电池的特性不一致,性能不一致的电池装配在一起会影响电池的寿命和使用。若确定动力电池有问题需要维修,应按以下步骤拆卸更换总成。

（1）将车辆退电至 OFF 挡,拆下后排座椅,断开维修开关,等待 5min。

（2）用万用表检测电池是否漏电。将万用表正极分别搭在电池正负极引出,负极搭车身搭铁,正常值为 10V 以下。若电压过大请不要拆卸,检测漏电原因和地方,排除问题后再进行以下操作。

（3）佩戴绝缘手套,用套筒依次拆卸掉每一根动力电池串联、维修开关线束、动力电池包正负极线束固定螺栓,同时取下每一根动力电池串联线、维修开关线束、动力电池包正负极线束(图 3-1-27）。

💡 **注意：**

拆卸动力电池正负极时,注意锁紧装置的拆卸与安装。

（4）拆卸动力电池采样线固定卡扣,拔掉所有动力电池采样线与电池信息采集器连接的插接件(图 3-1-28）。

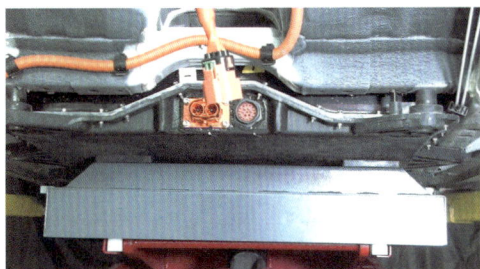

图 3-1-27　拆卸动力电池高压线束　　　　　图 3-1-28　拆卸动力电池其他插接件

（5）安装合适的动力电池举升机,佩戴绝缘手套,用套筒拆卸掉动力电池总成的各个固定螺栓(图 3-1-29)。

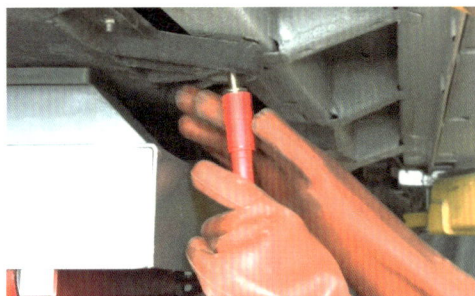

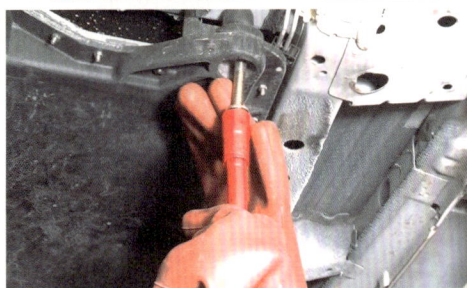

图 3-1-29　拆卸动力电池固定螺栓

（6）利用动力电池举升机降下动力电池总成(图 3-1-30)。

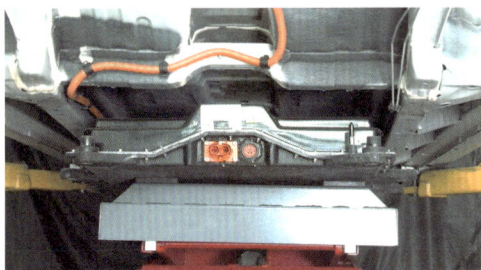

图 3-1-30　利用动力电池举升机降下动力电池总成

（7）按与拆卸相反的顺序安装新的动力电池总成。

（8）连接所有线束,确认无误后上电测试车辆功能。

学习测试

1. 填空题

(1)电池管理系统负责采集动力电池单元的_____、温度、_____数据,控制动力电池处于最佳的_____。

(2)电池管理系统的主要故障原因是_____异常,或模块自身_____不良。

(3)高压配电箱是控制高电压_____的执行部件,内部主要是有多个_____组成。

(4)在动力电池的整个寿命周期内,根据标准计算方法计算得到绝缘电阻值,所得值应大于_____。

(5)在动力电池整个测试过程中,动力电池的_____等于或高于其标称电压值,动力电池两极应与动力装置_____。

2. 判断题

(1)电池管理系统存在故障时,会导致高电压系统内接触器不能工作,使车辆失去动力。
( )

(2)驱动电机管理器是高压配电箱内高压接触器的诊断主控模块。 ( )

(3)单节电池温度过低可能会导致无法充电。 ( )

(4)电池管理系统存在故障时,会使车辆失去动力并点亮故障灯。 ( )

(5)电池管理系统电路发生故障,不会产生DTC。 ( )

3. 单项选择题

(1)高压配电箱的高电压会接通到( )。

    A. DC/DC变换器   B. 动力电池

    C. 驱动电机管理器   D. 以上都是

(2)能够测量动力电池直流电压的万用表,其内阻应大于( )。

    A. 1MΩ   B. 2MΩ

    C. 10MΩ   D. 500MΩ

(3)高压配电箱出现故障时,仪表会点亮的故障灯是( )。

    A. 动力电池切断警告灯   B. 动力电池故障警告灯

    C. 动力系统故障警告灯   D. "OK"指示灯

(4)电池管理系统的电池管理器,供电电源电压是( )。

    A. 动力电池的电压   B. 低压蓄电池的电压

    C. 220V   D. 380V

(5)单节电池电压过高会导致( )。

    A. 无法充电   B. 断电保护

    C. 系统报警   D. 以上都有可能

任务 2　纯电动汽车电机及驱动系统故障诊断与排除

提出任务

　　一位车主反映他的比亚迪 e6 仪表中有一个这样的 灯点亮,车辆不能行驶。你的主管初步判断是因为电机及驱动系统存在故障,要求你去诊断并找到故障的可能原因。你能完成这个任务吗?

任务要求

● 知识要求

　　1.能够描述驱动电机控制器故障的诊断与排除方法;

　　2.能够描述驱动电机故障诊断与排除方法;

　　3.能够描述驱动电机与控制器冷却系统故障诊断方法。

● 能力要求

　　1.能够进行电机旋变传感器的检测;

　　2.能够进行电机旋变传感器的波形检测;

　　3.能够进行电机控制器的更换。

● 素质要求

　　1.培养良好的职业道德和工匠精神;

　　2.培养安全意识和团队协作精神;

　　3.培养节约生产成本的好品质,弘扬勤俭节约精神。

相关知识

1. 电机控制器故障的诊断与排除方法

　　电机控制器是电机驱动系统的核心控制模块。电机控制器接收电池管理系统和整车控制器(VCU)的信息,控制三相驱动电机的运转,并实现电机转速、方向和转矩的改变。电机控制器通过接收电机角度传感器(电机旋变器传感器)信号作为控制命令的输出反馈,实现系统的闭环控制。

1)故障症状

(1)电机及驱动系统存在故障时,会导致电机不能正常运转,使车辆失去动力。

(2)位于车辆仪表内 ⚠ 动力系统故障警告灯或 🔲 驱动电机系统故障警告灯将点亮。

(3)如果仅 🔲 电机及控制器过热报警警告灯点亮,说明电机的温度过高,系统将降低电机的功率输出。

2)故障可能原因

电机及驱动系统的主要故障集中在:

(1)控制器模块本身的故障。

(2)旋变传感器故障。

(3)电源和搭铁不良。

3)诊断步骤

(1)读取 DTC。使用诊断仪读取可能存在的 DTC,见表3-2-1。

电机及驱动系统相关的故障码   表 3-2-1

MG2 电机控制器模块		
故障码(DTC)	故障描述	可能发生部位
P1B00-00	IPM(智能功率模块)故障	电机控制器
P1B01-00	旋变故障	MG2 电机线束,接插件
P1B02-00	欠电压保护故障	电机控制器
P1B03-00	主接触器异常故障	电机控制器 电池管理器 电压配电箱
P1B04-00	过电压保护故障	电机控制器
P1B05-00	IPM 散热器过热故障	电机控制器
P1B06-00	挡位故障	挡位管理器 电机控制器/线束
P1B07-00	加速踏板位置异常故障	节气门深度传感器回路
P1B08-00	电机过热故障	制动踏板深度传感器回路
P1B09-00	动力电机过电流故障	MG2 电机
P1B0A-00	缺相故障	电机控制器,线束
P1B0B-00	EEPROM	

(2)诊断步骤。

①控制器电源与搭铁的诊断。根据 DTC 提示完成故障检测,包括电源和搭铁的线路检测。

电源与搭铁诊断参考电路如图3-2-1所示。

图 3-2-1　电机控制器电源与搭铁参考电路

a. 拔下电机控制器 B32（外围 24PIN 棕色插接件）连接器。

b. 测量线束端连接器各端子间电阻或电压。

c. 连接器端子与正常值如表 3-2-2 及图 3-2-2 所示。

连接器 B32 端子与正常值　　　表 3-2-2

端　　子	线　色	条　件	正　常　值
B32-8—车身搭铁	L	电源打到 ON 挡	11～14V
B32-1—车身搭铁	B	电源打到 ON 挡	<1Ω

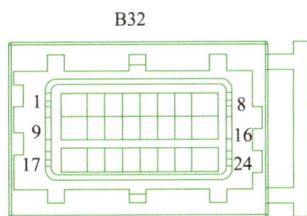

图 3-2-2　电机控制器连接器 B32 端子

② 电机控制器与电机低压端子线束电阻检查。

a. 用诊断仪检查电机控制器和电机。

b. 对照下面的结果测量（表 3-2-3、图 3-2-3），如果不符合规格则更换相应的组件。

连接器 B22、B23 端子与正常值　　　表 3-2-3

端　　　子	线　色	正　常　值
B33-7—B23-1	O	<1Ω
B33-15—B23-4	Lg	<1Ω
B33-4—B22-1	Y/L	<1Ω
B33-5—B22-2	Y/O	<1Ω

端　　子	线　色	正　常　值
B33-6—B22-3	Y/G	<1Ω
B33-12—B22-4	L/W	<1Ω
B33-13—B22-5	L/O	<1Ω
B33-14—B22-6	Gr	<1Ω

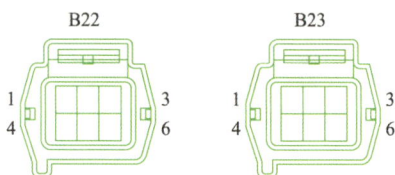

图 3-2-3　电机控制器连接器 B22、B23 端子

c. 测量电机控制器高压正负极输入端与控制器向驱动电机输出端的电压值(表 3-2-4)。

电机控制器输出端电压值　　　　　　　　　　　　表 3-2-4

至驱动电机输出相位	输出端电压值	
A 相	与控制器输入正极	
	与控制器输入负极	
B 相	与控制器输入正极	0.3V
	与控制器输入负极	
C 相	与控制器输入正极	
	与控制器输入负极	

③旋变传感器的诊断。

a. 使用诊断仪诊断会产生 DTC:P1B01-00(旋变故障)。

b. 检查低压接插件。退电 OFF 挡,拔掉电机控制器低压接插件 B33。测量 B33-4 和 B33-12 是否为 8 ~ 10Ω;测量B33-5 和 B33-13 电阻是否为 14 ~ 18Ω;测量 B33-6 和 B33-14 电阻是否为 14 ~ 18Ω。如果所测电阻正常,则检查 B22 接插件是否松动,如果没有,则为电机控制器总成故障。

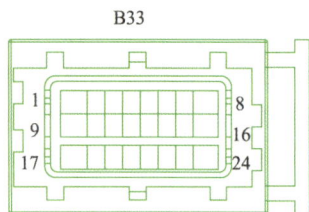

图 3-2-4　电机控制器连接器 B33 端子规格

c. 更换电机控制器与 DC 总成。电机控制器连接器 B33 端子如图 3-2-4 所示,其主要端子定义及正常值见表 3-2-5。

电机控制器连接器 B33 端子与正常值　　　　　　　　表 3-2-5

端子号	线　色	端子描述	条　件	正　常　值
3	绿	MG2 旋变屏蔽地	始终	<1V
4	黄	MG2 励磁 +	线束端(断线插件)	与励磁 -(8.1 ±2)Ω
5	蓝	MG2 正弦 +	线束端(断线插件)	与正弦 -(14 ±4)Ω
6	橙	MG2 余弦 +	线束端(断线插件)	与余弦 -(14 ±4)Ω
7	粉	MG2 电机过温	线束端(断线插件)	与 15 脚有电阻值(<100Ω)

端子号	线 色	端子描述	条 件	正 常 值
8	灰	运行模式切换信号输入	ON 挡	<1V 或 11～14V
11	紫	CAN 屏蔽地	始终	<1V
12	绿黑	MG2 励磁 -	线束端(断线插件)	与励磁 +(8.1±2)Ω
13	黄黑	MG2 正弦 -	线束端(断线插件)	与正弦 +(14±4)Ω
14	蓝黑	MG2 余弦 -	线束端(断线插件)	与余弦 +(14±4)Ω
15	绿黄	MG2 电机过温	线束端(断线插件)	与 7 脚有电阻值(<100Ω)
16	黄红	运行模式切换信号输出	ON 挡	<1V 或 11～14V
19	棕	CAN 信号高	始终	2.5～3.5V
20	白	CAN 信号低	始终	1.5～2.5V
21	白黑	驻车制动信号	驻车	<1V
22	白红	行车制动信号	踩制动踏板	11～14V

4)相关 DTC P1B03:欠电压保护故障(或 P1B04:过电压保护故障)的诊断

(1)检查动力电池电量是否大于 10%。

(2)如果正常,检测高压母线。

①断开维修开关,等待 5min。

②拔掉电机控制器高压接插件端子。

③插上维修开关,整车上"OK"电。

④测量母端电压值(表 3-2-6)。

测量母端电压值   表 3-2-6

端 子	正 常 值
母线正—母线负	标准动力电池电压

(3)如果母端电压值不在正常范围内,则检查高压配电盒及高压线路;否则更换驱动电机控制器。

5)更换电机控制器总成

(1)拆卸前要求:

①整车处于 OFF 挡。

②断开维修开关,等待 5min 以上。

③断开低压蓄电池。

④拆掉高压配电箱的高压母线,确认没有高压输出。

(2)拆卸:

①拆掉电机三相线插接件的 4 个螺栓。

②拔掉高压母线接插件。

③拆掉附在箱体的配电盒上端螺栓。

④拆掉底座 4 个紧固螺栓。

⑤将控制器往左移,拔掉低压插接件,拆掉搭铁螺栓,拔掉 DC 低压输出线,拔掉 4 个低压线束卡扣。

⑥将控制器往右移,拆掉进水管,拆掉出水管(注:拆掉进水管时将留出的冷却液用容器接住)。

(3)安装:

①将控制器放进安装位置。

②将控制器往右边移动,安装进水管、出水管。

③安装4个底座螺栓(先对准左上方螺栓,将螺栓放进去,拧进1/3,再对准右下方螺栓,将螺栓拧进1/3,之后放进其他螺栓,将所有螺栓拧紧,拧紧力矩为22N·m)。

④卡上DC 12V输出线卡扣,插上DC 12V接插件;卡上空调控制器线束卡扣;安装搭铁螺栓(拧紧力矩为22N·m);插接插件。

⑤安装贴在箱体侧面的配电盒螺栓。

⑥插上高压母线插接件。

⑦安装电机三相线插接件(先装最靠近车头下方螺栓,拧进1/3;再装其对角螺栓,拧进1/3;之后安装其他螺栓;将所有螺栓拧紧,拧紧力矩为9N·m)。

2. 驱动电机故障诊断与排除方法

驱动电机发生故障时,通常仪表板会点亮动力系统的故障警告灯 ⚠,应先利用故障诊断仪读取DTC,再根据故障码提示的内容进行检修。

驱动电机常见的故障及修理方法如下:

(1)电机起动困难或不能起动。

①电源电压过低修理方法:调整电压到所需值。

②电机过载修理方法:减轻负载后再起动。

③机械卡住修理方法:检查后先停车解除机械锁止,然后再起动电机。

(2)电机运行温度过高。

①负载过大修理方法:减轻负载。

②电机扫膛修理方法:检查气隙及转轴、轴承是否正常。

③电机绕组故障修理方法:检查绕组是否有搭铁、短路、断路等故障,予以排除。

④电机冷却不良修理方法:检查冷却系统故障,予以排除。

3. 驱动电机与控制器冷却系统故障诊断方法

电机或控制器过热常见故障排除方法见表3-2-7。

电机或控制器过热常见故障排除方法　　　　　　　　表3-2-7

故障部位	故障原因	解决方案
冷却液缺少	冷却液缺少,未按维护手册添加冷却液	溢水罐处添加冷却液
冷却液泄漏	环箍破坏,水管接口处冷却液泄漏	更换全新环箍,留存故障件
	水管破损,水管本身冷却液泄漏	更换全新水管,留存故障件
	散热器芯体破坏,芯体处渗漏冷却液	更换散热器芯体,留存故障件
	散热器水室开裂,水室外侧泄漏冷却液	更换散热器芯体,留存故障件
	散热器水室与散热器芯体压装不良,接缝处渗漏冷却液	更换散热器芯体,留存故障件
	散热器防水堵塞丢失,放水孔渗漏冷却液	更换散热器放水堵塞

续上表

故障部位	故障原因	解决方案
电动水泵	冷却液杂质,导致电动水泵堵转	更换系统冷却液
	电动水泵破损,泵盖/密封圈/泵轮破坏	更换电动水泵,留存故障件
	整车线束故障,虚接/短路/断路等故障	查找线束故障,依据线束维修手册处理
	水泵控制器熔断丝/继电器熔断/插接件针脚退针	更换电动水泵,留存故障件
散热器风扇	风扇控制器/继电器/插接件针脚退针	更换散热器风扇,留存故障件
	整车线束故障,虚接/短路/断路等故障	查找线束故障,依据线束维修手册处理
	扇叶破损/断裂,扇叶不工作	更换扇叶,留存故障件
	电机/控制器温度传感器故障,风扇不工作	查找电机/控制器故障,依据相应维修手册处理
散热器	芯体老化,芯管堵塞	更换散热器
	散热带倒伏,影响进风量	更换散热器
	水室堵塞,影响冷却液循环	更换散热器
前保险杠中网或下格栅	进风口堵塞	查找进风口故障,依据相应维修手册处理

任务实施

（一）工作准备

（1）防护装备:绝缘防护装备。

（2）车辆、台架、总成:比亚迪 e6 或其他纯电动汽车。

（3）专用工具、设备:比亚迪故障诊断仪、万用表、示波器,或其他适用的设备。

（4）手工工具:组合工具。

（5）辅助材料:诊断与维修必要的熔断丝等耗材。

（二）实施步骤

本操作任务主要完成对纯电动汽车(以比亚迪 e6 为例)的电机及驱动系统的故障诊断。

⚠️ **警告:**

在执行高压车辆诊断及维护前,务必佩戴完好的个人防护装备,并严格遵守正确的操作步骤!

1. 旋变传感器的检测

电机旋变传感器也称"旋转变压器""解角器""触角传感器"或"角度传感器"等,是一种检测电机磁极位置的传感器,它对保证电机运转的高效控制是必需的。旋变传感器的定子包括一个励磁线圈和两个检测线圈。因为转子是椭圆形状的,定子和转子间的间隙随着转子转动而变化。预定频率的交流电流过励磁线圈和检测线圈 S 和 C,并且根据传感器转子的位置输出交流电。

旋变传感器的安装位置和工作原理如图 3-2-5 所示。

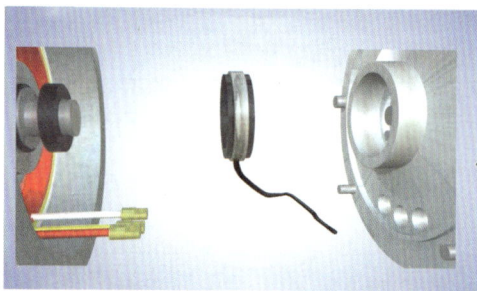

图 3-2-5　旋变传感器的安装位置和工作原理

注:解角器安装在电机后壳体上,用来测量电机转子的角度,检测磁极位置,将这些信号发送给电机控制器。

图 3-2-6 所示是比亚迪 e6 旋变传感器的安装位置和结构。

图 3-2-6　比亚迪 e6 旋变传感器的安装位置及结构

图 3-2-7 所示是比亚迪 e6 旋变传感器的工作原理示意图。

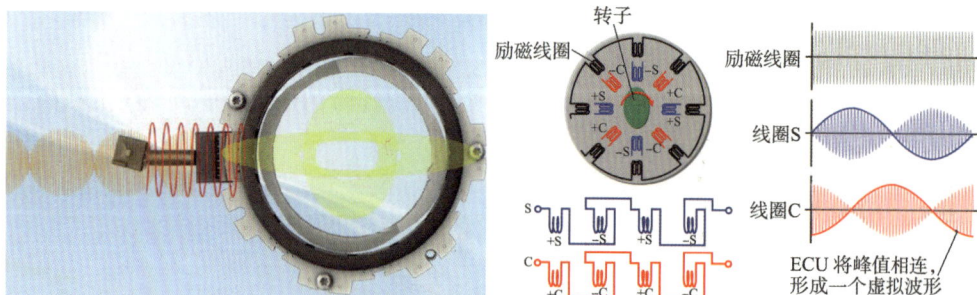

图 3-2-7　比亚迪 e6 旋转传感器工作原理

比亚迪 e6 旋变传感器由电机控制器模块监测,根据这些位置传感器的信号,电机控制器监测电机的运转位置、转速和方向。旋变传感器包含一个励磁线圈、两个驱动线圈和一个不规则形状的金属转子。金属转子以机械方式固定在电机轴上。电机控制器根据检测线圈 S 和 C 的相位及它们的波形高度来检测转子的绝对位置。此外,为了把旋变传感器用作一个速度传感器,CPU(中央处理器)计算出在一段预定的时间内位置的变化次数。

将点火开关置于 ON 位置时,电机控制器输出一个 5V 交流电、一定频率的励磁信号至驱动线圈。驱动线圈励磁信号生成一个环绕两个从动线圈和不规则形状转子的磁场。然后,电机控制器监测两个从动线圈电路,以获得一个返回信号。不规则形状金属转子的位置引起从动线圈的磁感应返回信号发生大小和形状的变化。通过比较两个从动线圈信号,电机控制器能确定电机的确切角度、转速和方向。

(1)检测电机控制器到传感器之间的线路连接。

操作步骤如下:

①关闭点火开关至 OFF 挡。

②断开蓄电池负极。

③断开旋变传感器连接器(图 3-2-8)。

④断开电机控制器连接器(图 3-2-9)。

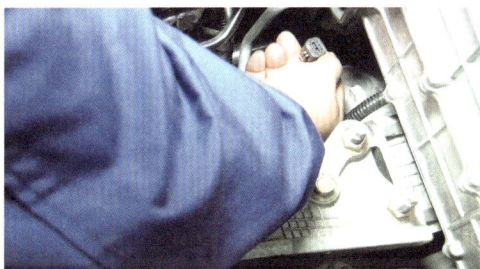

图 3-2-8　断开旋变传感器连接器　　图 3-2-9　断开驱动电机控制器连接器

⑤安装蓄电池负极。

⑥打开点火开关至 ON 挡。

⑦将万用表负极线夹固定在搭铁处(图 3-2-10)。

⑧打开万用表,调至电阻挡,用万用表正极端子针搭铁,检查搭铁是否良好(图 3-2-11)。

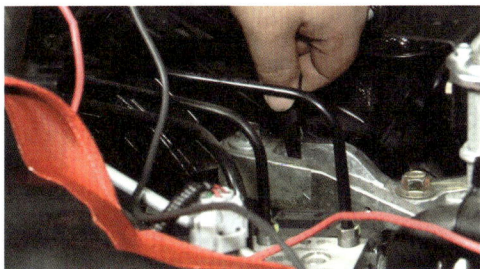

图 3-2-10　将万用表负极线夹固定在搭铁处　　图 3-2-11　检查搭铁是否良好

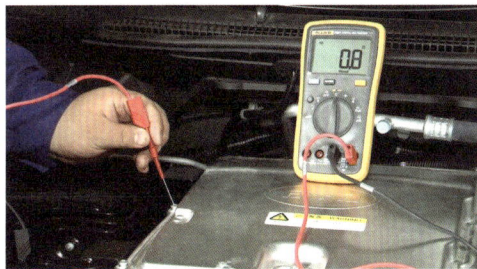

⑨将万用表旋至直流电压挡。

⑩将正极端子针插入旋变传感器1号端子到6号端子,检测它们的对地电压(图3-2-12、图3-2-13)。

图3-2-12　将正极端子针插入旋变传感器1号端子

图3-2-13　检测1号端子对地电压

(2)检测电机控制器接插件端子与旋变传感器连接器端子之间线束及连接器导通情况,步骤如下:

①将万用表旋至蜂鸣挡,将负极端子分别插入电机旋变传感器连接器端子1号到6号针脚,将正极端子插入电机控制器连接器对应端子,测量其是否导通(图3-2-14)。

②测量结果应该导通,否则应该检测对应的线路是否断路。

③关闭万用表,检测完成。

(3)测量电机控制器连接器端子搭铁电阻,检测步骤如下:

①将万用表负极线夹固定在搭铁处。

②打开万用表,调至电阻挡。用万用表正极端子针脚搭铁,检查搭铁是否良好。

③将正极端子分别插入电机控制器接插件端子第3行第2号针脚、第2行第1号针脚、第1行第1号针脚、第3行第1号针脚、第2行第2号针脚、第1行第2号针脚,测量其是否搭铁短路(图3-2-15)。

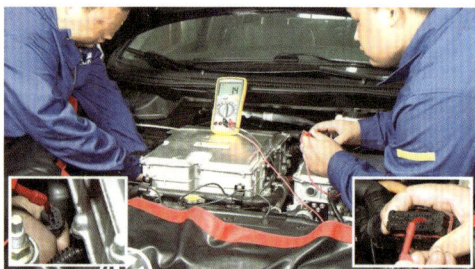

图3-2-14　检测旋变传感器端子与电机控制器
　　　　　　对应端子的导通性

图3-2-15　测量电机控制器针脚是否搭铁短路

(4)旋变传感器检测,步骤如下:

①将万用表旋至欧姆挡,校准万用表。

②将旋变传感器的1号脚和4号脚接出引线,测量它们之间电阻(图3-2-16)。电阻规格:$(14 \pm 4)\Omega$。

③将旋变传感器的2号脚和5号脚接出引线,测量它们之间电阻(图3-2-17)。电阻规格:$(14 \pm 4)\Omega$。

图 3-2-16　检测旋变传感器 1 号脚和 4 号脚之间电阻　　　图 3-2-17　检测旋变传感器 2 号脚和 5 号脚之间电阻

④将旋变传感器的 3 号脚和 6 号脚接出引线,测量它们之间电阻(图 3-2-18)。电阻规格:(8±2)Ω。

图 3-2-18　检测旋变传感器 3 号脚和 6 号脚之间电阻

⑤关闭万用表。

⑥将电机控制器、旋变传感器的连接器安装回原位。

⑦将低压蓄电池负极安装到位,紧固螺栓。

2. 旋变传感器的波形检测

旋变传感器的波形检测操作步骤如下。

(1)示波器线路连接,步骤如下:

①将数据传输线连接到仪器的端口上(图 3-2-19)。

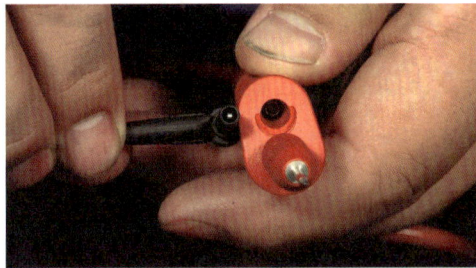

②将负极搭铁线,连接在探针头部的插孔内(图 3-2-20)。

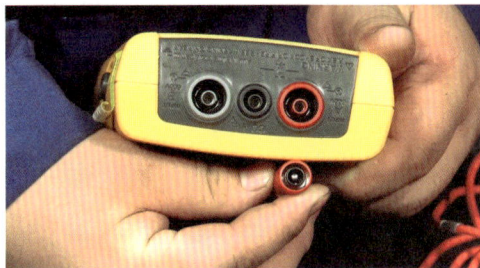

图 3-2-19　将数据传输线连接到仪器的端口上　　　图 3-2-20　将负极搭铁线,连接在探针头部的插孔内

③检测时要将探针和被检测元件的延长线连接。

(2)将延长线插入被检测旋变传感器的端子后部(图 3-2-21)。

(3)插好旋变传感器连接器;示波器搭铁线搭铁(图 3-2-22)。

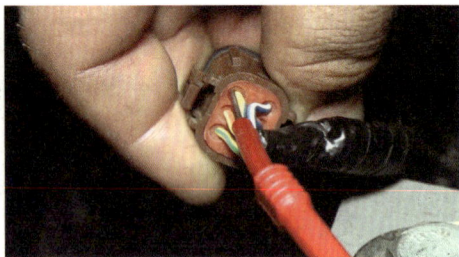

图 3-2-21 将延长线插入被检测旋变传感器的端子后部

图 3-2-22 插好旋变传感器连接器与示波器搭铁线搭铁

（4）起动车辆，按下示波器电源键，打开示波器。

（5）此时示波器可能出现杂波，属于正常现象（图 3-2-23）。

（6）将探针和旋变传感器端子延长线连接，观察示波器上的波形。此时为车辆无负载时的旋变传感器波形（图 3-2-24）。

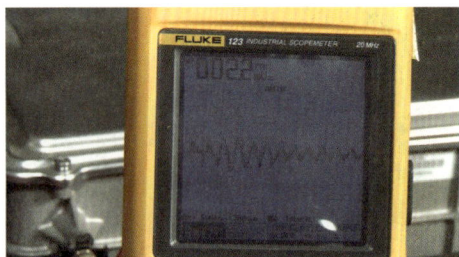

图 3-2-23 示波器出现杂波

图 3-2-24 车辆无负载时的旋变传感器波形

（7）车辆加速，波形随着电机转速变化而发生变化（图 3-2-25）。

（8）检测完毕，将仪器及工具归位（图 3-2-26）。

图 3-2-25 波形随着电机转速变化而发生变化

图 3-2-26 将仪器及工具归位

3.驱动电机控制器的更换

⚠ 警告：

在执行高压车辆诊断及维护前，执行高压中止与检验，并严格遵守正确的操作步骤！

1）拆卸步骤

（1）拆掉电机三相线插接件的 4 个螺栓。

（2）拔掉高压母线插接件。

（3）拆掉附在箱体的配电盒上端螺栓。

（4）拆掉底座 4 个紧固螺栓。

（5）将控制器往左移，拔掉低压接插件，拆掉搭铁螺栓，拔掉 DC 低压输出线，拔掉 4 个低压线束卡扣。

（6）将控制器往右移，拆掉进水管及出水管(注:拆掉进水管时将留出的冷却液用容器接住)。

2）安装步骤

（1）将控制器放进安装位置。

（2）将控制器往右边移动，安装进水管、出水管。

（3）安装 4 个底座螺栓(先对准左上方螺栓，将螺栓放进去，拧进 1/3，再对准右下方螺栓，将螺栓拧进 1/3，之后放进其他螺栓，将所有螺栓拧紧，拧紧力矩为 22N·m)。

（4）卡上 DC 12V 输出线卡扣，插上 DC 12V 接插件；卡上 ACM 线束卡扣；安装搭铁螺栓（拧紧力矩为 22N·m)；插接插件。

（5）安装贴在箱体侧面的配电盒螺栓。

（6）插上高压母线插接件。

（7）安装电机三相线插接件(先装最靠近车头下方螺栓，拧进 1/3；再装其对角螺栓，拧进 1/3；之后安装其他螺栓；将所有螺栓拧紧，拧紧力矩为 9N·m)。

学习拓展

学习测试

1. 填空题

（1）电机控制器控制三相驱动电机的运转，并实现电机_____、_____和_____的改变。

（2）电机控制器通过接收电机_____信号作为控制命令的输出反馈，实现系统的_____控制。

（3）电机扫膛的修理方法:检查_____、_____及轴承是否正常。

（4）电机旋变传感器是一种检测_____的传感器。

（5）旋变传感器的定子包括一个_____和两个_____。

2. 判断题

（1）电机控制系统存在故障时，会导致电机不能正常运转，使车辆失去动力。　（　　）

（2）电机控制器是电机及驱动系统的核心执行模块。　（　　）

（3）如果仅该故障灯  点亮，说明电机的温度过高，系统将降低电机的功率输出。（　　）

(4)如果读取到电机控制系统的故障码,一定是电机控制器故障。 (   )

(5)检修电机及驱动系统前,需要进行高压电禁用。 (   )

3. 单项选择题

(1)电机控制系统的故障可能为(   )。

    A. 控制器模块本身的故障   B. 旋变传感器故障

    C. 电源或搭铁不良   D. 以上都可能

(2)记忆 DTC P1B03:欠压保护故障的故障码时,应检查动力电池电量是否大于(   )。

    A. 5%   B. 10%

    C. 20%   D. 30%

(3)电机起动困难或不起动原因可能是(   )。

    A. 电源电压过低   B. 电机过载

    C. 电机机械卡住   D. 以上都可能

(4)电机运行温度过高原因不可能是(   )。

    A. 负载过大   B. 电机电压过高

    C. 电机绕组故障   D. 冷却不良

(5)旋变传感器励磁线圈的电阻规格是(   )。

    A. $(14 \pm 4)\Omega$ B. $(8.1 \pm 2)\Omega$

    C. 无穷大   D. 0Ω

任务 3   纯电动汽车整车动力控制系统故障诊断与排除

提出任务

有位比亚迪 e6 车主反馈车辆不能正常驱动,你的主管已经通过诊断仪检查到存在加速踏板位置传感器故障码,现在你被安排继续进行该车辆的维修诊断,你能够完成这个任务吗?

任务要求

● 知识要求

1. 能够描述驱动系统输入/输出信号部件故障诊断与排除方法;

2. 能够描述高电压系统漏电故障的诊断与排除方法。

能力要求

1. 能够进行典型故障码诊断与排除；
2. 能够进行整车控制器（VCU）的更换；
3. 能够进行漏电传感器诊断；
4. 能够进行加速踏板位置传感器的检测；
5. 能够进行 DC/DC 的检测。

素质要求

1. 培养良好的职业道德和工匠精神；
2. 养成共同协作的好习惯,培养在学习中敢担当、能吃苦的好品质；
3. 培养自我管理和自主学习能力。

相关知识

1.驱动系统输入/输出信号部件故障诊断与排除方法

以比亚迪 e6 为例,驱动电机的运转主要由驾驶人通过加速踏板（节气门深度）、制动踏板（制动深度）和挡位进行控制。其中:

（1）加速踏板用于为驱动系统提供电机负荷的输入信号,并控制制动能量回收功能。

（2）制动踏板用于取消电机输入负荷,并实现车辆的制动功能。

（3）挡位控制器用于控制电机的运转方向和电机的起动与停止。

当以上输入信号产生故障后,主控 ECU（整车控制 ECU）将停止车辆的动力输入,并输出诊断 DTC。

1）故障症状

（1）在制动信号丢失的情况下,车辆无法起动;非制动信号故障时,车辆能够起动,但起动后动力停止输出。

（2）位于车辆仪表内 动力系统故障指示灯将点亮。

2）诊断步骤与分析

（1）读取 DTC。使用诊断仪读取可能的 DTC。通常情况下,针对加速踏板、制动踏板以及挡位控制器系统,系统能够直接指向对应部件的故障。

（2）诊断参考信息。

①挡位控制器的检查与诊断。诊断挡位控制器故障,首先检查挡位控制器电源电路（图 3-3-1）。

a.检查电源线束。

（a）拔下挡位控制器 G56 连接器。

（b）测量线束端控制器各端子间电压或电阻,控制器端子及正常值如表 3-3-1 和图 3-3-2 所示。

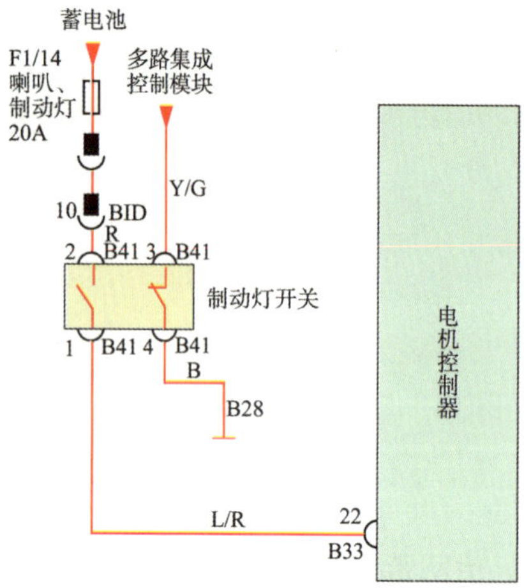

图 3-3-1　挡位控制器电源和搭铁电路图

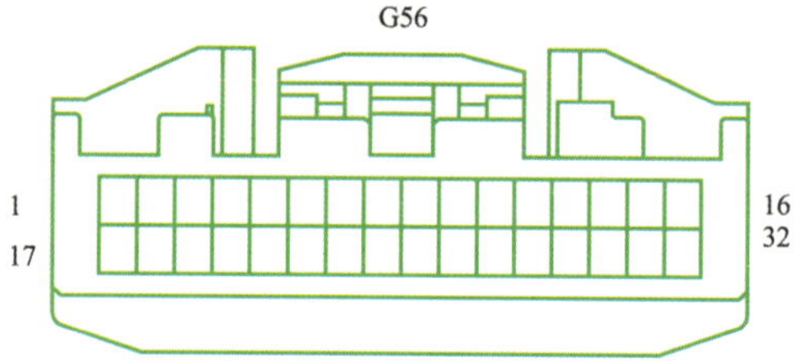

图 3-3-2　挡位控制器端子

（c）如果检测到相应故障,则检修更换线束总成。

挡位控制器端子电压或电阻正常值　　　　　　　　　表 3-3-1

端　子	线　色	条　件	正　常　值
G56-28—车身搭铁	R/G	电源打到 ON 挡	11～14V
G56-12—车身搭铁	R/G	电源打到 ON 挡	11～14V
G56-19—车身搭铁	B	始终	<1Ω
G56-20—车身搭铁	B	始终	<1Ω

b. 检查挡位传感器。

（a）电源挡位打到 ON 挡。

（b）从挡位传感器 A 的 G54 连接器后端引线或从挡位传感器 B 的 G55 连接器后端引线,如图 3-3-3 所示。

（c）测量线束端连接器各端子间电压或电阻,挡位连接器端子及正常值如图 3-3-4 及表 3-3-2所示。

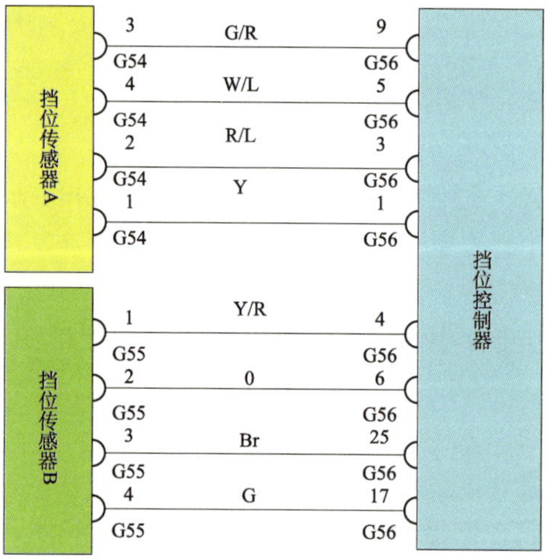

图 3-3-3　挡位传感器电路图

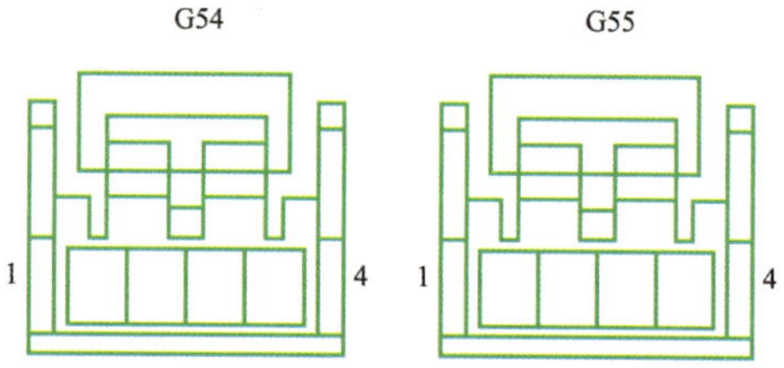

图 3-3-4　挡位传感器端子

挡位传感器端子电压或电阻正常值　　　　　　表 3-3-2

端　子	线色	条　件	正常值	端　子	线色	条　件	正常值
G54-3—车身搭铁	Gr	始终	<1Ω	G55-1—车身搭铁	Y/R	换挡手柄打到 R 挡	<1Ω
G54-4—车身搭铁	W/L	换挡手柄打到 N 挡	约 5V	G55-2—车身搭铁	O	换挡手柄打到 D 挡	约 5V
G54-2—车身搭铁	R/L	换挡手柄打到 N 挡	约 5V	G55-3—车身搭铁	Br	始终	约 5V
G54-1—车身搭铁	Y	电源打到 ON 挡	约 5V	G55-4—车身搭铁	G	电源打到 ON 挡	约 5V

　　c. 检查挡位传感器线束。

　　(a) 拔下挡位传感器 A 的 G54 连接器。

　　(b) 拔下挡位传感器 B 的 G55 连接器。

　　(c) 拔下挡位控制器 G56 连接器。

　　(d) 测量线束端连接器各端子间电阻,连接器端子及正常值如图 3-3-5 及表 3-3-3 所示。

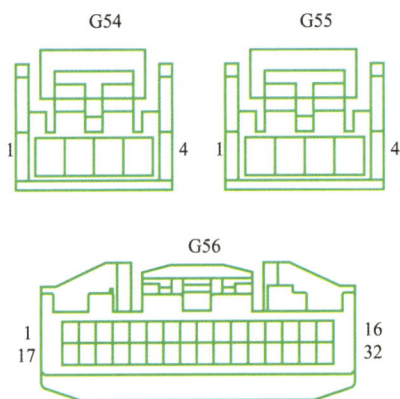

图 3-3-5　挡位传感器线束端连接器端子

挡位传感器线束端连接器
端子电阻正常值　　　　表 3-3-3

端　子	线　色	正常值
G54-3—G56-9	Gr	<1Ω
G54-4—G56-5	W/L	<1Ω
G54-2—G56-3	R/L	<1Ω
G54-1—G56-1	Y	<1Ω
G55-1—G56-4	Y/R	<1Ω
G55-2—G56-6	O	<1Ω
G55-3—G56-25	Br	<1Ω
G55-4—G56-17	G	<1Ω

　　② 加速踏板位置传感器的检查与诊断

　　a. 加速踏板位置(节气门深度)传感器的检测(图 3-3-6)。

　　(a) 电源挡位打到 ON 挡。

　　(b) 从传感器 B31 连接器后端引线。

　　(c) 测量线束端连接器各端子间电压或电阻,连接器端子及正常值如图 3-3-7 及表 3-3-4 所示。

　　b. 加速踏板位置传感器与电机控制器线束电阻的检测。

　　(a) 拔下传感器 B31 连接器。

　　(b) 拔下控制器 B32 连接器。

　　(c) 测量线束端连接器各端子间电阻,连接器端子及正常值如图 3-3-8 及表 3-3-5 所示。

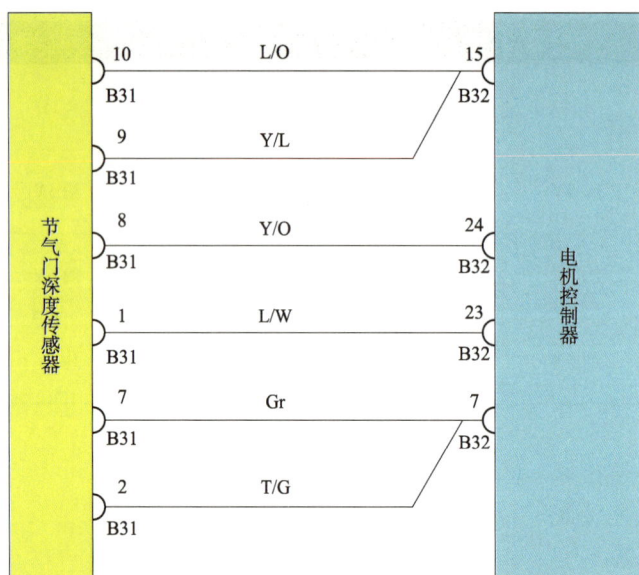

图 3-3-6　加速踏板位置(节气门深度)传感器电路图　　　　图 3-3-7　加速踏板位置传感器端子

加速踏板位置传感器端子电压正常值　　　　　　　　　表 3-3-4

端　　子	条　　件	正　常　值
B31-1—车身搭铁	不踩加速踏板	约 0.66V
	加速踏板踩到底	约 4.45V
B31-8—车身搭铁	不踩加速踏板	约 4.34V
	加速踏板踩到底	约 0.55V
B31-2—车身搭铁	ON 挡电	约 5V
B31-7—车身搭铁	ON 挡电	约 5V
B31-9—车身搭铁	ON 挡电	<1V
B31-10—车身搭铁	ON 挡电	<1V

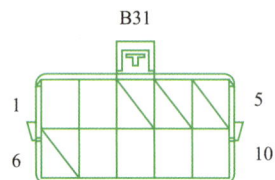

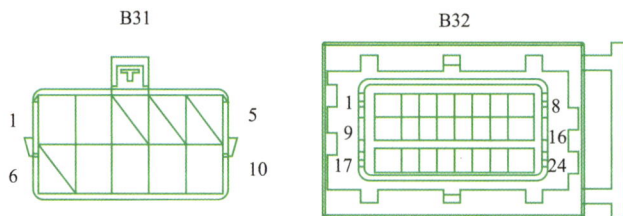

图 3-3-8　加速踏板位置传感器线束端连接器端子

加速踏板位置传感器端子电阻正常值　　　　　　　　　表 3-3-5

端　　子	正　常　值	端　　子	正　常　值
B31-2—B32-7	<1Ω	B31-8—B32-24	<1Ω
B31-7—B32-7	<1Ω	B31-9—B32-15	<1Ω
B31-1—B32-23	<1Ω	B31-10—B32-15	<1Ω

续上表

端　子	正　常　值	端　子	正　常　值
B31-2—车身搭铁	>10kΩ	B31-8—车身搭铁	>10kΩ
B31-7—车身搭铁	>10kΩ	B31-9—车身搭铁	>10kΩ
B31-1—车身搭铁	>10kΩ	B31-10—车身搭铁	>10kΩ

③制动踏板位置(制动深度传感器)的检测与诊断。

a. 制动踏板位置传感器的检测(图3-3-9)。

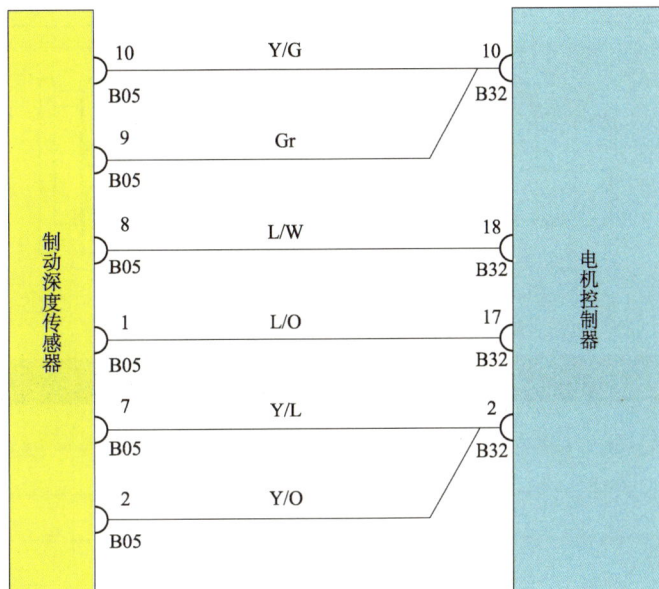

图3-3-9　制动踏板位置传感器电路图

(a)电源挡位打到ON挡。

(b)从传感器B05连接器后端引线。

(c)测量线束端传感器各端子间电压或电阻,传感器端子及正常值如图3-3-10及表3-3-6所示。

b. 制动踏板位置传感器与电机控制器线束电阻的检测。

(a)拔下传感器B05连接器。

(b)拔下控制器B32连接器。

(c)测量线束端连接器各端子间电阻,连接器端子及正常值如图3-3-11及表3-3-7所示。

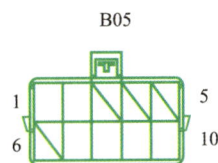

图3-3-10　制动踏板位置
传感器端子

制动踏板位置传感器端子电压正常值　　　　表3-3-6

端　子	条　件	正　常　值
B05-1—车身搭铁	不踩制动踏板	约0.66V
	制动踏板踩到底	约4.45V

端 子	条 件	正 常 值
B05-8—车身搭铁	不踩制动踏板	约4.34V
	制动踏板踩到底	约0.55V
B05-2—车身搭铁	ON挡电	约5V
B05-7—车身搭铁	ON挡电	约5V
B05-9—车身搭铁	ON挡电	<1V
B05-10—车身搭铁	ON挡电	<1V

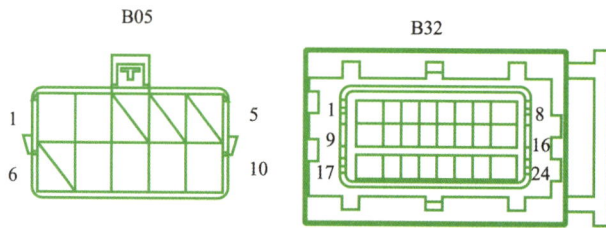

图 3-3-11　制动踏板位置传感器线束标准值图

制动踏板位置传感器端子电阻正常值　　　　　表 3-3-7

端 子	正 常 值	端 子	正 常 值
B05-2—B32-2	<1Ω	B05-2—车身搭铁	>10kΩ
B05-7—B32-2	<1Ω	B05-7—车身搭铁	>10kΩ
B05-1—B32-17	<1Ω	B05-1—车身搭铁	>10kΩ
B05-8—B32-18	<1Ω	B05-8—车身搭铁	>10kΩ
B05-9—B32-10	<1Ω	B05-9—车身搭铁	>10kΩ
B05-10—B32-10	<1Ω	B05-10—车身搭铁	>10kΩ

2. 高电压系统漏电故障的诊断与排除方法

⚠️ **警告:**

在执行高压车辆诊断及维护前,务必佩戴完好的个人防护装备,并严格遵守正确的操作步骤!

💡 **提示:**

高电压车辆安全的首要条件就是防止高电压系统与车身存在漏电。比亚迪 e6 高电压系统采用漏电传感器来监测高电压电路是否存在与车身之间漏电的情况,如果发生漏电,系统将自动切断高电压接触器,避免更大的事故发生。

1）故障症状

（1）高电压系统漏电故障分为两种：

①高电压电路与车身存在漏电。

②漏电传感器系统本身故障。

（2）高电压系统漏电类故障会导致车辆仪表内 动力系统故障指示灯点亮，且车辆将关闭动力输出。

2）诊断步骤

（1）读取 DTC。使用诊断仪读取相关 DTC。如有明确的 DTC，按照 DTC 诊断步骤进行诊断，详细步骤可参考维修手册中的具体 DTC 信息。

（2）高电压电路漏电诊断。高电压电路导线漏电主要是绝缘效果降低导致的，因此漏电故障的诊断主要是检查线路对车身以及两线之间的绝缘电阻值。

①断开被测量的高压导线连接器，如果不能确定漏电大体位置，可采用分段测量法来进行排除。

②使用高压绝缘测试仪（输出测量电压1000V挡）分别测量导线对车身的电阻。

a. 测量正极导线对车身电阻（测量电压1000V），标准电阻在50MΩ以上。

b. 测量负极导线对车身电阻（测量电压1000V），标准电阻在50MΩ以上。

c. 测量两线之间电阻（测量电压1000V），标准电阻在50MΩ以上。

③对于不符合要求的导线，需要更换新的高压导线。

（3）漏电传感器的诊断。

①检查12V蓄电池电压及整车低压线束供电是否正常。

正常电压值：11～14V。

如果电压值低于11V，需要更换12V蓄电池或检查整车低压线束。

②在关闭点火开关的状态下，断开漏电传感器连接器。

a. 测量漏电传感器供电电压，正常值在9～16V之间。

b. 测量漏电传感器搭铁电阻，正常值在0.2Ω以下。

c. 不在以上范围的，需要继续检查传感器本身或连接电路。

③使用诊断仪读取在电源管理器模块内读取漏电传感器数值，不能正常读取的，需要更换新的漏电传感器。

任务实施

（一）工作准备

（1）防护装备：绝缘防护装备。

（2）车辆、台架、总成：比亚迪e6或其他纯电动汽车，或同类车型的台架。

（3）专用工具、设备：比亚迪故障诊断仪、万用表，或其他适用的设备。

（4）手工工具：组合工具。

(5)辅助材料:诊断与维修必要的熔断丝等耗材。

(二)实施步骤

本操作任务主要完成对纯电动汽车(以比亚迪 e6 为例)整车动力控制系统的故障诊断。

⚠️ **警告:**

(1)禁止未参加该车型高压系统知识培训的维修人员拆解高压系统,包括手动维修开关、动力电池组总成、驱动电机、电力电子箱、高压配电单元、高压线束、空调压缩机、PTC 加热器、充电线束、充电口等高压部件。

(2)在拆解或装配高压部件时,必须断开 12V 蓄电池负极桩头的手动维修开关。

(3)在进行高压相关操作前,维修人员必须穿戴好劳保用品,戴好绝缘手套,穿好高压绝缘鞋。在戴绝缘手套前,必须检查绝缘手套是否有破损的地方,确保手套无绝缘失效。

(4)在安装和拆卸过程中,应防止制动液、洗涤液等液体进入或飞溅到高压部件上。

1. 典型故障诊断与排除方法

以比亚迪 e6 为例,典型故障诊断与排除方法如下。

纯电动汽车诊断系统读取到的典型故障码为 P1B03(欠压保护故障)或 P1B04(过压保护故障)。

诊断与排除步骤如下:

(1)检查动力电池电量。

①打开点火开关到 ON 位置,仪表"OK"指示灯点亮。

②观察仪表盘中动力电池电量表(SOC),确认动力电池电量是否大于 10%(图 3-3-12),如不足 10% 应进行充电。

(2)检查动力电池输出电压。

①进行高压安全防护,关闭点火开关,拆卸低压蓄电池负极桩头,断开手动维修开关(图 3-3-13)。

图 3-3-12　检查动力电池电量

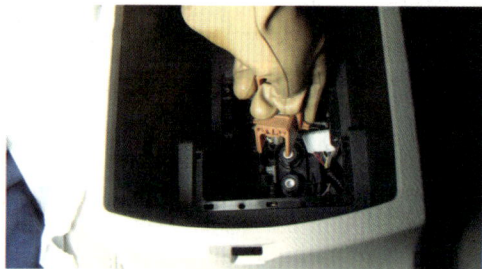

图 3-3-13　断开手动维修开关

②拔出限位销,断开动力电池高压母线正极和负极(图 3-3-14)。

③安装手动维修开关(图 3-3-15)。

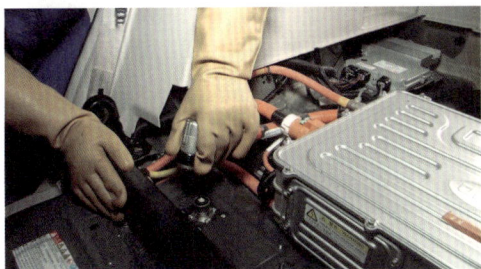

图 3-3-14　断开高压母线正极和负极

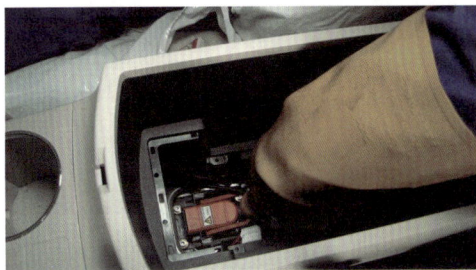

图 3-3-15　安装手动维修开关

④安装低压蓄电池负极,打开点火开关到 ON 位置。

⑤将万用表旋至直流电压挡,测量动力电池高压接线柱电压(图 3-3-16)。

💡 提示:

电压为当前动力电池的电压。比亚迪 e6 动力电池充满电时的电压应为 316.8V 左右。

⑥如果电压值不在正常范围内,检查高压配电盒及高压线路。如果正常,更换驱动电机控制器与 DC 总成。

2. 整车控制器(VCU)的更换

VCU 是纯电动汽车的主控制 ECU,比亚迪 e6 的 VCU 安装于乘客舱前排座椅中间扶手箱的下方。

1)VCU 的拆卸

比亚迪 e6VCU(主控制 ECU)拆卸操作如下。

(1)取下扶手箱左右两侧的塑料卡扣(图 3-3-17)。

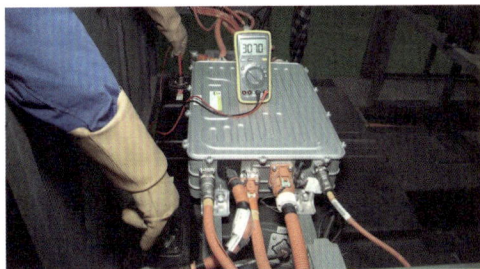

图 3-3-16　测量动力电池高压接线柱电压

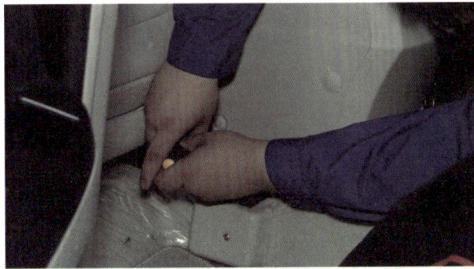

图 3-3-17　取下扶手箱左右两侧的塑料卡扣

(2)将扶手箱水杯垫掀开,松开十字自攻螺钉(图 3-3-18)。

(3)拆下扶手箱底部 2 个自攻螺钉(图 3-3-19)。

(4)取出扶手箱总成。

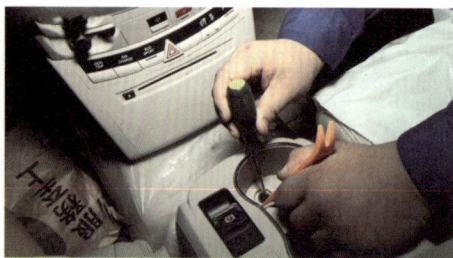

图 3-3-18　松开扶手箱水杯垫自攻螺钉

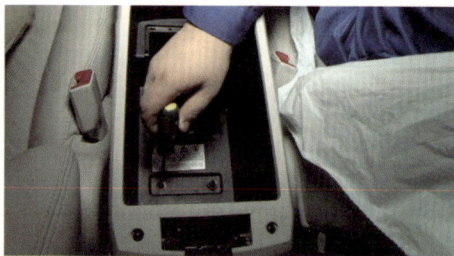

图 3-3-19　拆下扶手箱底部 2 个自攻螺钉

💡 **注意:**

　　取下之前,应拆下点烟器连接器和天线连接器。

　　(5)拆下 VCU 的 2 个连接器(图 3-3-20)。
　　(6)拆下 VCU 的 3 颗固定螺栓(图 3-3-21)。

图 3-3-20　拆下 VCU 的 2 个连接器

图 3-3-21　拆下 VCU 的 3 颗固定螺栓

　　(7)取出整车控制器(VCU)(图 3-3-22)。
　　2)VCU 的安装
　　比亚迪 e6 VCU(主控制 ECU)安装操作如下。
　　安装步骤参照拆卸相反顺序进行:
　　(1)将 VCU 放入指定安放位置(图 3-3-23)。

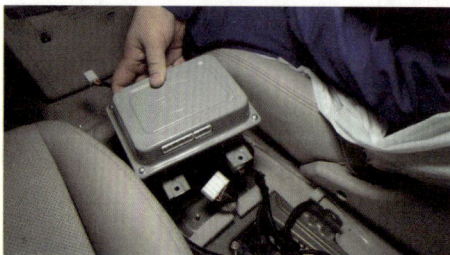

图 3-3-22　取出 VCU

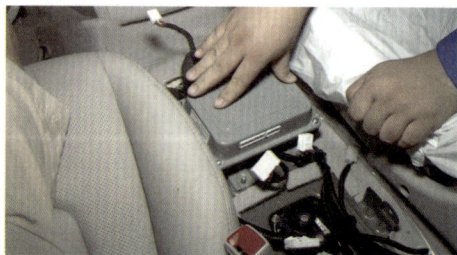

图 3-3-23　将 VCU 放入指定安放位置

　　(2)安装 VCU 的 3 个固定螺母。
　　(3)安装 VCU 的 2 个连接器。
　　(4)安装扶手箱。

💡 **注意：**

安装之前，应装入点烟器连接器和天线连接器。

（5）安装扶手箱底部2个自攻螺钉。
（6）放入点烟器底座总成。

💡 **注意：**

安装点烟器底座总成时要插入点烟器和USB（通用串行总线）连接器（图3-3-24）。

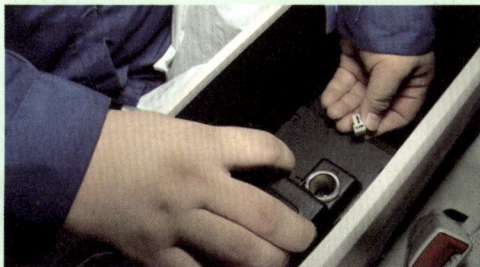

图3-3-24 连接点烟器和USB连接器

（7）点烟器底座安装固定螺栓。
（8）放入扶手箱垫，关闭扶手箱盖。
（9）将扶手箱水杯垫掀开，安装自攻螺钉。
（10）安装扶手箱左、右侧塑料卡扣。
（11）安装低压蓄电池负极。
（12）测试车辆工作状况。

3. 漏电传感器的诊断

比亚迪 e6 漏电传感器诊断操作流程如下。
（1）检查低压蓄电池电压及整车低压线束供电是否正常。
①打开万用表，调至直流电压挡。
②将红、黑表笔分别接在低压蓄电池的正负极，读取电压值。

正常电压值：11～14V。

如果电压值低于11V，在进行下一步检查之前，请充电或更换起动电池或检查整车低压线束。

（2）取出诊断仪，并连接好诊断仪。
（3）打开车辆点火开关到 ON 挡。
（4）选择好车型信息，进入高压电池管理器界面。
（5）读取故障码及数据流（图3-3-25）。
（6）戴好绝缘手套。
（7）断开漏电传感器连接器（图3-3-26）。

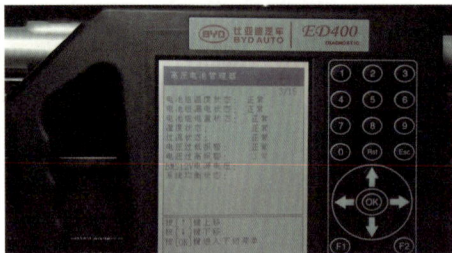

图 3-3-25　读取故障码及数据流

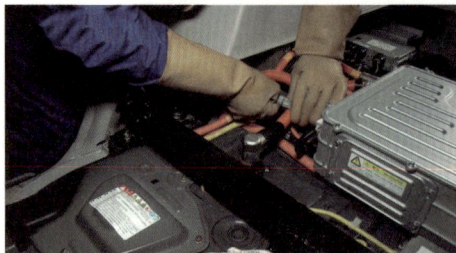

图 3-3-26　断开漏电传感器连接器

（8）将万用表负极搭铁，打开万用表，调至电阻挡，确认万用表负极搭铁良好。

（9）将万用表调至电压挡，用红表笔测量 2 号脚的搭铁电压，标准电压为 9～16V（图 3-3-27、图 3-3-28）。

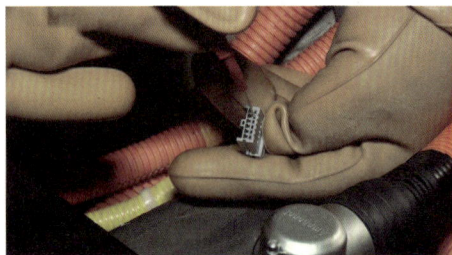

图 3-3-27　将红色表笔插入连接器 2 号脚

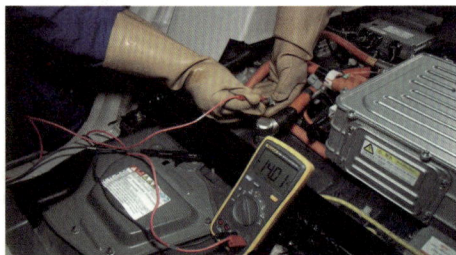

图 3-3-28　测量漏电传感器 2 号脚的电压

💡 **注意：**

测量时应保持车辆电源在 ON 挡。

（10）如果电压正常，则说明电池管理器供电正常，漏电传感器故障；如果电压不正常，则继续测试电池管理器。

（11）将万用表负极搭铁，打开万用表，调至电阻挡，确认万用表负极搭铁良好。

（12）将万用表调至电压挡，用红表笔测量电池管理器到漏电传感器的供电端子的搭铁电压，标准电压为 9～16V（图 3-3-29）。

如果电压在这个范围内，则说明线束故障，应更换线束；如果电压不在这个范围内，则需要更换电源管理器模块总成。

4. 加速踏板位置传感器的检测

纯电动汽车加速踏板位置传感器的检测与传统汽车一致。

5. DC/DC 变换器的检测

比亚迪 e6 DC/DC 变换器的检测步骤如下。

（1）打开点火开关至 ON 挡。

（2）拆下 DC/DC 变换器低压正极输出端口 1 和端口 2（图 3-3-29）。

（3）打开万用表，旋至直流电压挡。

（4）用正极表笔分别测量 DC/DC 变换器低压正极输出端口 1 和 2 电压，负极搭铁，电压值应大于 13V（图 3-3-30）。

图 3-3-29　拆下 DC/DC 变换器的 2 个低压正极　　　图 3-3-30　测量 DC/DC 变换器低压正极输出
　　　　　　　输出端口　　　　　　　　　　　　　　　　　　　　端口的电压值

（5）如果电压不符合规定值，更换 DC/DC 变换器。

（6）关闭万用表。

（7）将低压正极输出端口 1 和端口 2 安装归位。

学习拓展

思政点拨

树立大局意识和全局观念

　　"一叶障目 不见泰山"这个典故讲的是：一个楚国人，过着贫穷的日子，一次他在读《淮南子》这本书时，看到书中写有"螳螂窥探蝉时，用树叶遮蔽自己的身体，可以用这种方法隐蔽自己的形体"，于是他就在树下仰起身子摘取树叶，他想找到螳螂窥伺蝉时用来隐身的那片树叶并摘取它。可这片树叶却落到了树下，树下原先已经有许多落叶，不能再分辨哪片是螳螂隐身的那片树叶。楚人便扫集收取树下的好几筐树叶拿回家中，一片一片地用树叶遮蔽自己，然后问自己的妻子："你能不能看见我？"妻子开始总是回答说"能看见"，就这样他整整试了一天一夜还乐此不疲，可是他妻子却厌烦疲倦得无法忍受了，当他还无休止地问"能不能看见时？"他妻子只得厌烦得说"看不见了"。楚人暗自高兴，便携带着这片树叶进入集市，当着主人的面试图拿取人家的货物，被人发现后报官，于是差役把他捆绑起来，送到了县衙门里。县官审问他，听他说了事情的起因经过后大笑起来，原来他只是个书呆子罢了。于是县令命人把他放了，并没有治罪。成语"一叶障目，不见泰山"便应运而生，他原指用一片树叶挡住了眼睛,连面前高大的泰山都看不见。比喻被局部的、暂时的现象所迷惑,看不到事情的全局、主流及本质。

这个故事充分说明,干事情、想问题要从全局出发,要有全局意识。对于纯电动汽车整车动力控制系统故障诊断与排除也一样,不能就事论事,也要从全局考虑,从整个汽车的状态来研判。

学习测试

1. 填空题

(1)加速踏板用于为驱动系统提供_____的输入信号,并控制_____回收功能。

(2)制动踏板用于取消电机_____,并实现车辆的制动功能。

(3)挡位控制器用于控制电机的_____和电机的_____。

(4)输入信号产生故障后,VCU 将停止车辆的_____输入,并输出诊断_____。

(5)高电压电路导线漏电故障的诊断主要是检查线路对_____以及两线之间的_____进行诊断。

2. 判断题

(1)在制动信号丢失的情况下,车辆可以正常起动。 ( )

(2)非制动信号故障时,车辆能够起动,但起动后动力停止输出。 ( )

(3)加速踏板位置传感器的信号输入 VCU 中。 ( )

(4)制动踏板位置传感器的信号输入电机控制器中。 ( )

(5)高电压车辆安全的首要条件就是防止高电压系统与车身存在漏电。 ( )

3. 单项选择题

(1)比亚迪 e6 整车控制 ECU 安装在( )。
    A. 乘客舱前排座椅中间扶手箱下方　　　　B. 行李舱内
    C. 前机舱内　　　　D. 底盘左后位置

(2)挡位传感器信号提供给哪个模块?( )
    A. 整车控制器　　　　B. 电机控制器
    C. 挡位控制器　　　　D. DC/DC 变换器

(3)制动踏板位置传感器信号提供给哪个模块?( )
    A. 整车控制器　　　　B. 电机控制器
    C. 挡位控制器　　　　D. DC/DC 变换器

(4)漏电传感器安装位置在( )。
    A. 电源管理器下方　　　　B. 仪表台下方
    C. 副驾驶座椅下方　　　　D. 前机舱靠近电机控制器

(5)加速踏板位置传感器的参考电源是( )。
    A. 5V　　　　B. 12V
    C. 与低压蓄电池电压一致　　　　D. 与动力电池电压一致

混合动力电动汽车故障诊断与排除

本项目主要介绍混合动力电动汽车的故障诊断与排除。根据混合动力电动汽车常见的故障范围及维修策略，本项目将主要侧重于以下 3 个任务进行展开：

任务 1　混合动力电动汽车电池系统故障诊断与排除；

任务 2　混合动力电动汽车电机及驱动系统故障诊断与排除；

任务 3　混合动力电动汽车整车动力控制系统故障诊断与排除。

通过以上 3 个任务的学习，你将了解到混合动力电动汽车的组成结构与控制原理，掌握混合动力电动汽车主要系统的基本诊断流程和分析思路，并在此基础上，进一步扩展到混合动力电动汽车的诊断与排除。

任务 1　混合动力电动汽车电池系统故障诊断与排除

提出任务

有一辆丰田普锐斯进站维修，客户反映该车辆不能正常起动，你的主管使用诊断仪检查以后发现动力电池管理模块存在多个故障码，且均指向温度过高。你的主管要求你去处理并修复该故障，你能完成这个任务吗？

任务要求

知识要求

1. 能够描述混合动力电动汽车动力电池故障的表现形式；

2. 能够描述混合动力电动汽车动力电池系统典型故障案例诊断步骤。

● 能力要求

1. 能够进行混合动力电动汽车动力电池 HV ECU 供电电路的检测;
2. 能够进行混合动力电动汽车动力电池冷却系统电路的检测;
3. 能够进行混合动力电动汽车动力电池温度传感器的检测;
4. 能够进行混合动力电动汽车动力电池电流传感器的检测。

● 素质要求

1. 培养良好的职业道德和工匠精神;
2. 培养安全意识和团队协作精神;
3. 培养不畏技术困难,努力钻研技术的习惯,不断提出真正解决问题的新理念新思路新办法。

相关知识

混合动力电动汽车由于设计有电力驱动和燃油发动机的双重动力结构,因此在故障诊断过程中既要检查发动机的动力系统,又要检查电力驱动系统。混合动力电动汽车常见的故障主要包括有因电力系统导致发动机不能驱动,或电力驱动系统失效的故障症状。

下面以丰田普锐斯为例,介绍混合动力电动汽车动力电池系统故障诊断与排除。

1. 混合动力电动汽车动力电池故障表现形式

动力电池是丰田普锐斯混合动力控制系统的重要组成部分,其内部或控制系统存在故障将导致混合动力系统失效,甚至使车辆暂停行驶。丰田普锐斯动力电池结构如图4-1-1所示。

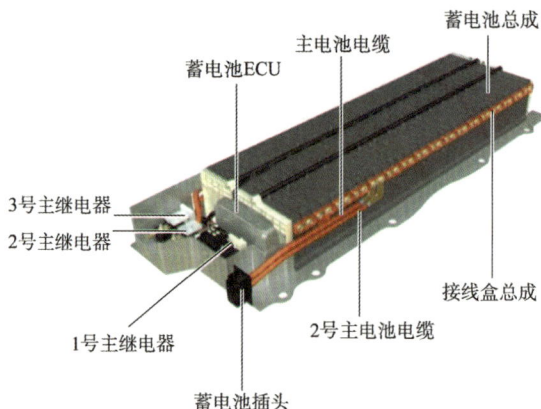

图 4-1-1　丰田普锐斯动力电池结构

普锐斯动力
电池结构

动力电池组总成及动力电池管理系统(丰田汽车称 HV 蓄电池 ECU)存在的常见故障有:

（1）动力电池管理系统的模块（HV 蓄电池 ECU）本身故障或供电故障。

（2）动力电池内部单体电池电压故障，如监测到单体电池电压过高或过低。

（3）动力电池组总成冷却系统故障，造成温度过高或过低。

（4）动力电池组内部高压输出电路故障。

动力电池系统故障会导致：

（1）仪表指示灯点亮。动力电池系统故障会导致仪表如图 4-1-2 所示警告灯点亮。

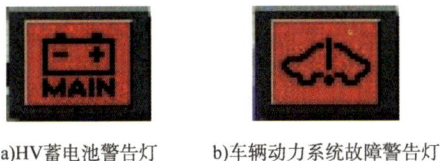

a)HV 蓄电池警告灯　　b)车辆动力系统故障警告灯

图 4-1-2　混合动力电动汽车仪表警告灯

（2）车辆不能起动或功率降低。未起动车辆前，会导致车辆不能正常起动；对于高速运行的车辆，会导致车辆运行功率降低。

动力电池管理系统的数据流主要在 HV 蓄电池 ECU 内，可使用诊断仪读取到关于电池系统的故障码和数据流。混合动力电动汽车电池系统的故障码和数据流请参照仪器显示的内容。

2. 动力电池系统典型故障案例诊断步骤

1）模块供电异常的故障诊断

（1）故障症状。如果 HV 蓄电池 ECU 不通信，仪表上 HV 警告灯将点亮，且车辆不能正常起动。

（2）故障原因分析。12V 低压蓄电池（备用蓄电池或辅助蓄电池）电源恒定地向 HV 蓄电池 ECU 的 AM 端子供电，以此达到维持储存器内的 DTC 和定格数据（冻结帧）。电源开关断开时，该电压可以作为一个备用电压。

动力电池 ECU 控制电路图如图 4-1-3 所示。

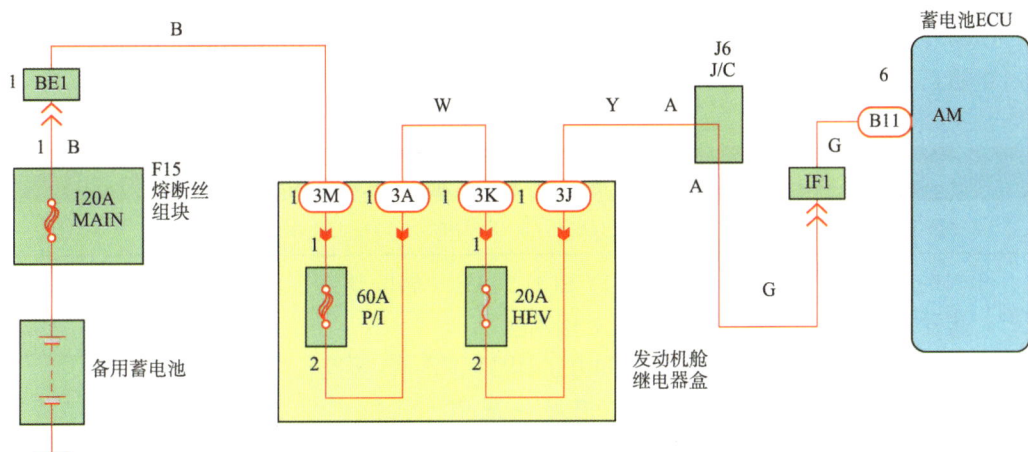

图 4-1-3　动力电池 ECU 控制电路图

（3）诊断关键步骤及参数。

①检查20A熔断丝。从发动机舱继电器盒(图4-1-4)上拆下HEV熔断丝,检查HEV熔断丝电阻。正常值小于1Ω。

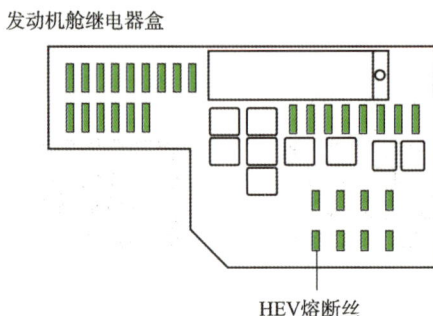

图4-1-4　发动机舱继电器盒HEV熔断丝位置

②如果熔断丝正常,检查HV蓄电池ECU到12V备用蓄电池之间的连接情况,如图4-1-5所示。

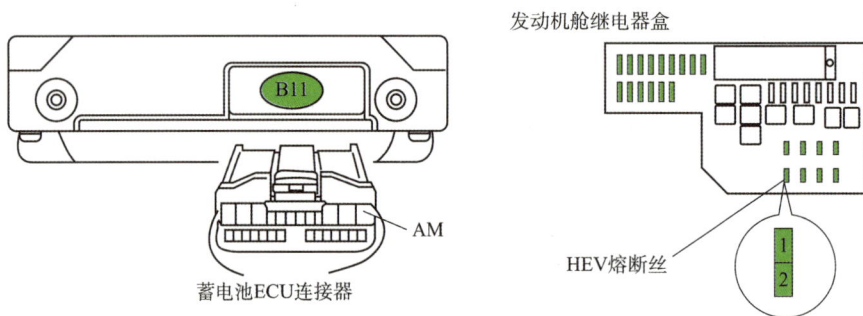

图4-1-5　电池管理模块连接器

a.断开12V备用蓄电池负极端子。

b.从发动机舱熔断丝盒上拆下HEV熔断丝。

c.断开B11蓄电池连接器(图4-1-5),检查线束侧连接器的电阻。

电阻正常值(开路检查)见表4-1-1。

开 路 检 查 表　　　　　　　　　　　　　表4-1-1

万用表(测试仪)连接	规定条件	万用表(测试仪)连接	规定条件
AM(B11-1)—HEV熔断丝(2)	<1Ω	HEV熔断丝(1)—正极备用蓄电池端子	<1Ω

③如果以上均正常,检查HV蓄电池ECU到HEV熔断丝连接器与线束。

a.从发动机舱继电器盒上拆卸HEV熔断丝。

b.检查线束侧连接器与车身搭铁间电阻,电阻正常值(短路检查)见表4-1-2。

短 路 检 查 表　　　　　　　　　　　　　表4-1-2

万用表连接	规定条件
AM(B11-1)或HEV熔断丝(2)—车身搭铁	10Ω或更大

④如果以上检查均正常,则需要更换 HV 蓄电池 ECU。

2)动力电池冷却系统——鼓风机不转的故障诊断

(1)故障现状。仪表显示 HV 蓄电池(动力电池)故障,诊断仪检查存在 HV 蓄电池温度过高的故障。

动力电池温度过高的其中原因之一是鼓风机不能正常工作。

使用诊断仪的主动测试功能驱动鼓风机,发现驱动失败,且不能从数据流中正常看到鼓风机电动机的旋转转速。

(2)故障原因分析。鼓风机电动机控制调节蓄电池鼓风机总成的电压。鼓风机电动机控制由铝制成的散热片。从后侧风道流入动力电池总成的空气对鼓风机电动机控制进行制冷,而该控制电机装在后侧风道里。

从 HV 蓄电池 ECU 的 FCTL1 端子流出的电流向蓄电池鼓风机继电器的继电器线圈。当继电器触电闭合时,则向电池鼓风机总成供电。

当 HV 蓄电池 ECU 输出风扇运行信号时,鼓风机电动机控制调节施加给蓄电池鼓风机总成的电压,以便获得需要的风扇转速。调节信号同时以监控信号的形式输送给 HV 蓄电池 ECU 的 VM 端子。鼓风机电动机控制通过监控蓄电池鼓风机总成 +B 端子的电压纠正鼓风机电动机的电压。

鼓风机控制电路图如图 4-1-6 所示。

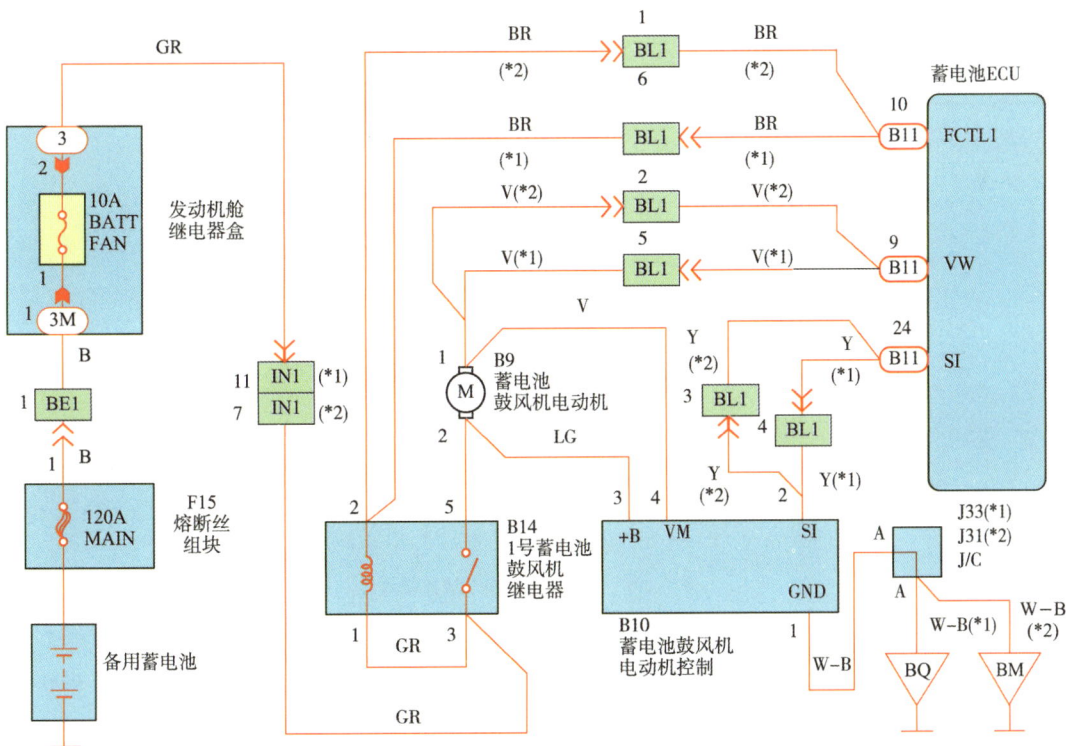

图 4-1-6 鼓风机控制电路图

注:*1-左侧驾驶型;*2-右侧驾驶型。

（3）诊断关键步骤及参数。

①检查风扇 10A 熔断丝。

a. 从发动机舱熔断丝盒(图 4-1-7)上拆下风扇熔断丝。

b. 检查风扇熔断丝电阻。标准值小于 1Ω。

②检查鼓风机继电器。拆下蓄电池鼓风机继电器(图 4-1-8)。

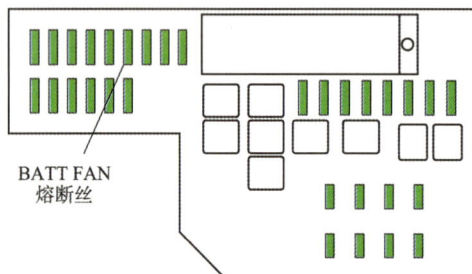

图 4-1-7　发动机舱熔断丝盒风扇熔断丝位置

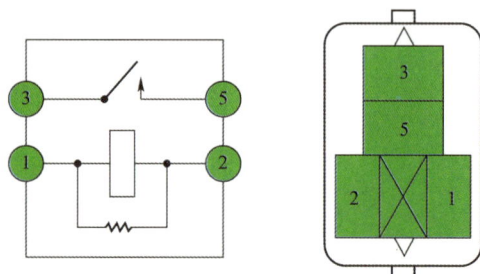

图 4-1-8　蓄电池鼓风机继电器端子

检查继电器端子间的电阻,见表 4-1-3。

继电器端子检查表 表 4-1-3

万用表连接	规 定 条 件
3—5	10kΩ 或更大
3—5	<1Ω (在端子 1 和 2 之间加蓄电池电压)

③检查鼓风机总成。

a. 断开 B9 蓄电池鼓风机总成连接器(图 4-1-9)。

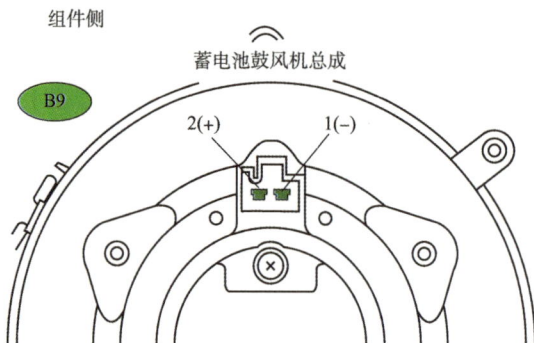

图 4-1-9　蓄电池鼓风机总成连接器

b. 连接蓄电池正极端子至蓄电池鼓风机总成连接器端子 2,负极蓄电池端子至连接器端子 1。

c. 施加电压时,检查鼓风机风扇运转情况。

④检查鼓风机风扇熔断丝线束与连接器(图 4-1-10)。

a. 从发动机舱拆下风扇熔断丝,拆下 B14 蓄电池鼓风机继电器。

b. 检查线束侧连接器间的电阻。

电阻正常值(开路检查)见表 4-1-4。

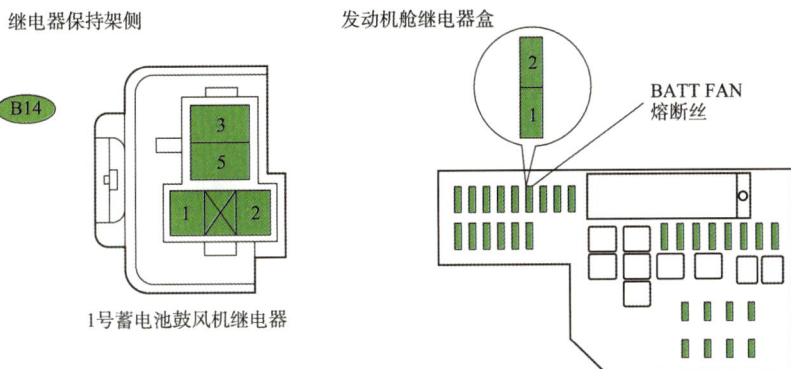

图 4-1-10　蓄电池鼓风机风扇熔断丝线束与连接器

蓄电池鼓风机风扇熔断丝线束开路检查表　　　　　表 4-1-4

万用表连接	规定条件
1 号蓄电池鼓风机继电器(B14-1 和 B14-3) —BATT FAN 熔断丝(2)	<1Ω

⑤检查蓄电池鼓风机继电器与鼓风机总成之间的线束与连接器(图 4-1-11)。

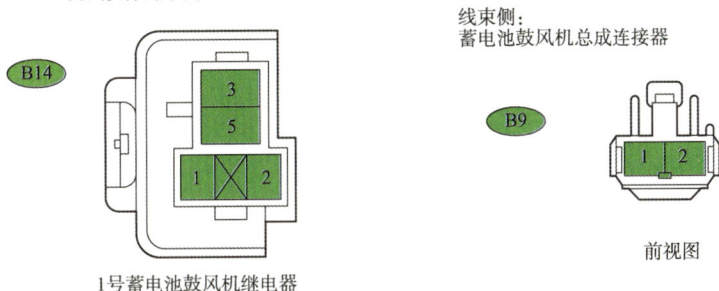

图 4-1-11　1 号蓄电池鼓风机继电器连接器

a. 拆下蓄电池鼓风机继电器。

b. 断开 B9 蓄电池鼓风机总成连接器。

c. 检查线束连接器间的电阻。

电阻正常值(开路检查)见表 4-1-5。

蓄电池鼓风机继电器与鼓风机总成之间的线束检查表　　　　　表 4-1-5

测试仪连接	规定条件
1 号蓄电池鼓风机继电器(B14-5) —蓄电池鼓风机总成(B9-2)	<1Ω

⑥检查蓄电池鼓风机总成与鼓风机电动机控制之间的线束与连接器。

a. 断开 B9 蓄电池鼓风机总成连接器(图 4-1-12)。

b. 拆下 B10 蓄电池鼓风机电动机控制连接器。

c. 检查线束连接器间的电阻。

电阻正常值(开路检查)见表 4-1-6。

图 4-1-12　蓄电池鼓风机总成与鼓风机电动机控制之间的线束与连接器

蓄电池鼓风机总成与鼓风机电动机控制之间的线束检查表　　　　表 4-1-6

万用表连接	规定条件
蓄电池鼓风机总成(B9-2)—+B(B10-3)	<1Ω

⑦检查蓄电池鼓风机总成与 HV 蓄电池 ECU 之间的线束与连接器。

a. 断开 B9 蓄电池鼓风机总成连接器(图 4-1-13)。

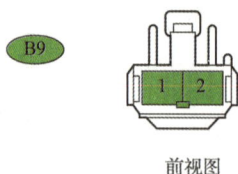

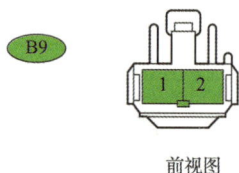

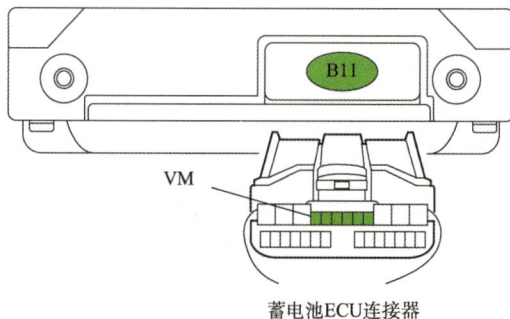

图 4-1-13　蓄电池鼓风机总成与 HV 蓄电池 ECU 之间的线束与连接器

b. 拆下 B11HV 蓄电池 ECU 连接器。

c. 检查线束连接器间的电阻。

电阻正常值(开路检查)见表 4-1-7。

蓄电池鼓风机总成与 HV 蓄电池 ECU 之间的线束与连接器开路检查　　表 4-1-7

万用表连接	规定条件
蓄电池鼓风机总成(B9-1)—VM(B11-9)	<1Ω

电阻正常值(短路检查)见表 4-1-8。

蓄电池鼓风机总成与 HV 蓄电池 ECU 之间的线束与连接器短路检查　　表 4-1-8

万用表连接	规定条件
蓄电池鼓风机总成(B9-1)或 VM(B11-9) —车身搭铁	10kΩ 或更大

⑧检查蓄电池鼓风机总成与鼓风机电动机控制之间的线束与连接器。

a. 断开 B9 蓄电池鼓风机总成连接器(图 4-1-14)。

b. 拆下 B10 蓄电池鼓风机电动机控制连接器。

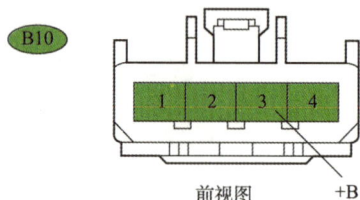

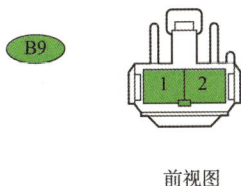

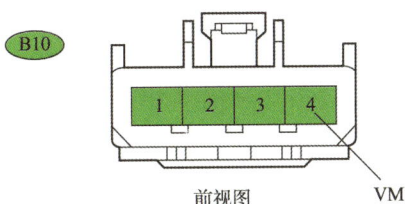

图 4-1-14　蓄电池鼓风机总成与鼓风机电动机控制之间的线束与连接器

c. 检查线束连接器间的电阻。

电阻正常值(开路检查)见表 4-1-9。

蓄电池鼓风机总成与鼓风机电动机控制之间的线束与连接器开路检查　表 4-1-9

万用表连接	规定条件
蓄电池鼓风机总成(B9-1)—VM(B10-4)	<1Ω

电阻正常值(短路检查)见表 4-1-10。

蓄电池鼓风机总成与鼓风机电动机控制之间的线束与连接器短路检查　表 4-1-10

万用表连接	规定条件
蓄电池鼓风机总成(B9-1)或 VM(B10-4) —车身搭铁	10kΩ 或更大

⑨检查蓄电池鼓风机总成与 HV 蓄电池 ECU 之间的线束与连接器。

a. 断开 B14 蓄电池鼓风机继电器(图 4-1-15)。

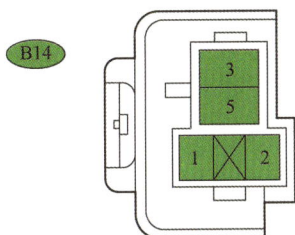

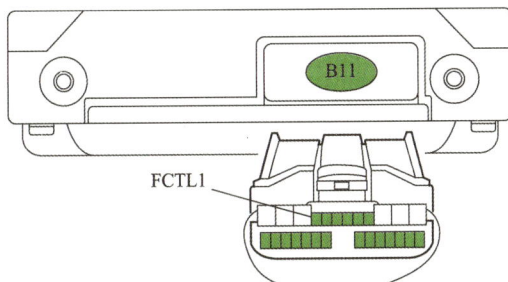

图 4-1-15　蓄电池鼓风机总成与 HV 蓄电池 ECU 之间的线束与连接器

b. 拆下 B11 HV 蓄电池 ECU 连接器。

c. 检查线束连接器间的电阻。

电阻正常值(开路检查)见表 4-1-11。

蓄电池鼓风机总成与 HV 蓄电池 ECU 之间的线束与连接器开路检查表　表 4-1-11

万用表连接	规定条件
1 号蓄电池鼓风机继电器(B14-2) —FCTL1(B11-10)	<1Ω

电阻正常值(短路检查)见表 4-1-12。

蓄电池鼓风机总成与电池管理 ECU 之间的线束与连接器短路检查表　　　表 4-1-12

万用表连接	规定条件
1 号蓄电池鼓风机继电器(B14-2) 或 FCTL1(B11-10)—车身搭铁	10kΩ 或更大

⑩若以上检查均正常,则需要更换 HV 蓄电池 ECU。

任务实施

(一)工作准备

(1)防护装备:绝缘防护装备。
(2)车辆、台架、总成:丰田普锐斯,或同类混合动力电动汽车台架。
(3)专用工具、设备:丰田普锐斯故障诊断仪、万用表。
(4)手工工具:组合工具。
(5)辅助材料:干净抹布,诊断与排除必要的熔断丝等耗材。

(二)实施步骤

⚠️ **警告:**

　　在执行高压车辆诊断及维护前,务必佩戴完好的个人防护装备,并严格遵守正确的操作步骤!

1. 丰田普锐斯 HV 蓄电池 ECU 供电电路的检测

丰田普锐斯 HV 蓄电池 ECU 供电电压的检测操作流程如下。

💡 **提示:**

　　首先确认发动机舱继电器盒内的 HEV 20A 熔断丝(图 4-1-16)正常。
　　如果熔断丝熔断,应更换熔断丝(图 4-1-17)

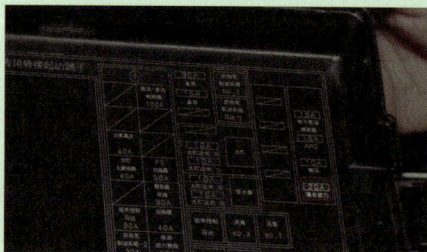
图 4-1-16　找出 HEV 熔断丝位置

图 4-1-17　更换 HEV 熔断丝

1）检查 HV 蓄电池 ECU 到 12V 备用蓄电池之间的连接情况

（1）先断开 12V 备用蓄电池的负极端子，再断开正极端子。

（2）拆下发动机舱继电器盒内的 HEV 熔断丝。

（3）断开 HV 蓄电池 ECU 的 B11 连接器（图 4-1-18）。

（4）用万用表连接加长导线和线束探针，校准万用表。

（5）将正极探针插入 HV 蓄电池 ECU 中 B11 连接器的 AM 针脚中（图 4-1-19）。

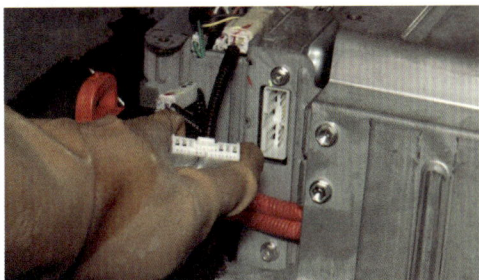

图 4-1-18　断开 HV 蓄电池 ECU 的 B11 连接器

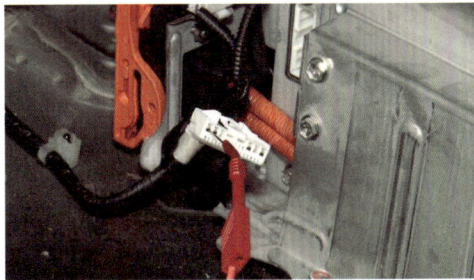

图 4-1-19　正极探针插入 B11 连接器的 AM 针脚中

（6）将万用表旋到欧姆挡，将负极探针插入 HEV 熔断丝的 2 号针脚中（图 4-1-20）。

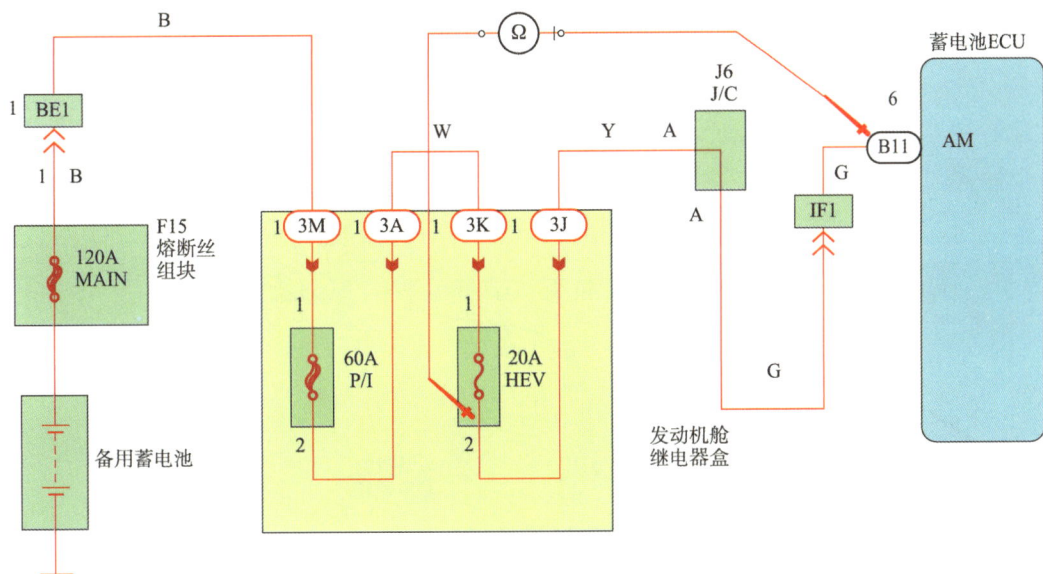

图 4-1-20　测量示意图（1）

（7）HEV 熔断丝的 2 号针脚至蓄电池 ECU 中 B11 插头 AM 针脚之间的电阻，正常阻值应小于 1Ω（图 4-1-21）。

（8）测量 HEV 熔断丝至低压蓄电池正极端子。将正极探针替换成线夹，夹住低压蓄电池正极端子（图 4-1-22）。

（9）将万用表旋至欧姆挡。

（10）将负极探针插入 HEV 熔断丝的 1 号针脚中（图 4-1-23、图 4-1-24）。

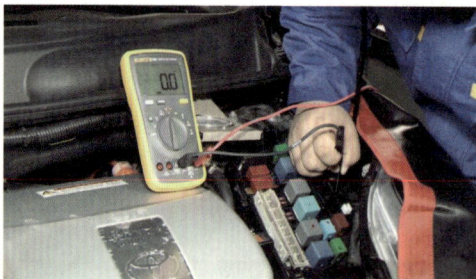

图 4-1-21　测量线路之间的电阻值应小于 1Ω

图 4-1-22　将正极探针替换成线夹,夹住低压蓄电池正极端子

图 4-1-23　将负极探针插入 HEV 熔断丝的 1 号针脚中

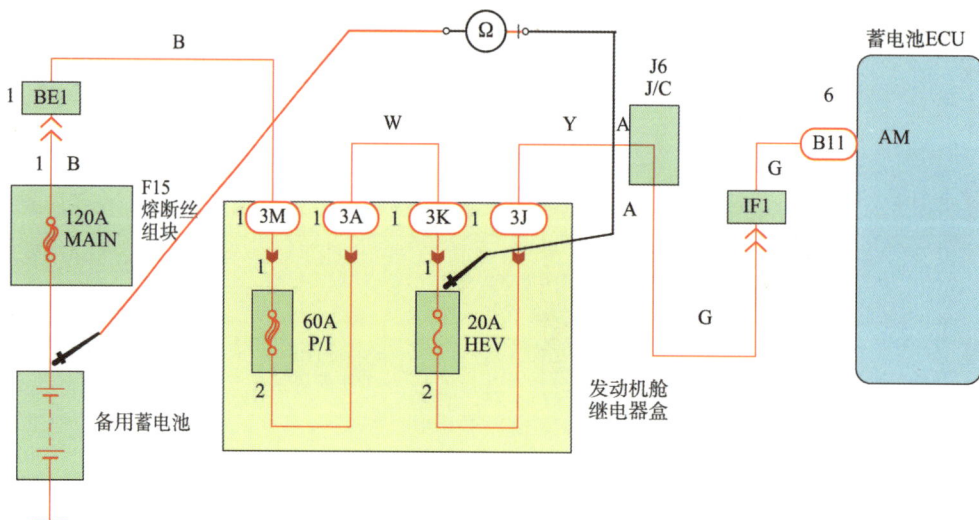

图 4-1-24　测量示意图(2)

(11)测量的正常阻值应小于 1Ω(图 4-1-25)。

(12)插入 HEV 熔断丝,重新连接拆下的部件和连接器,连接 12V 备用蓄电池。

(13)将 B11 连接器插入 HEV 蓄电池 ECU 插口。

(14)安装 12V 备用蓄电池正极端子。

(15)安装 12V 备用蓄电池负极端子。

2）检查 HV 蓄电池 ECU 至 HEV 熔断丝之间的连接情况

（1）断开蓄电池负极。

（2）断开 HV 蓄电池 ECU 的 B11 连接器。

（3）打开发动机舱继电器盒，从发动机舱继电器盒拆卸 HEV 熔断丝。

（4）将万用表旋至欧姆挡，校准万用表。

（5）将正极探针插入 HV 蓄电池 ECU 中 B11 连接器的 AM 针脚中（图 4-1-26）。

图 4-1-25　正常阻值应小于 1Ω

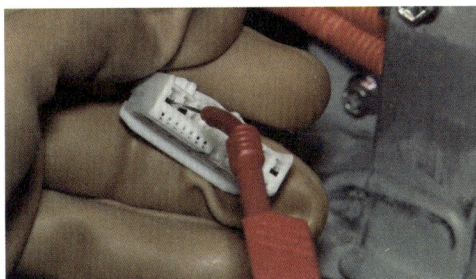

图 4-1-26　正极探针插入 B11 连接器的 AM 针脚中

（6）将负极探针与车身搭铁测量电阻阻值应大于 10kΩ 或者更大（图 4-1-27、图 4-1-28）。

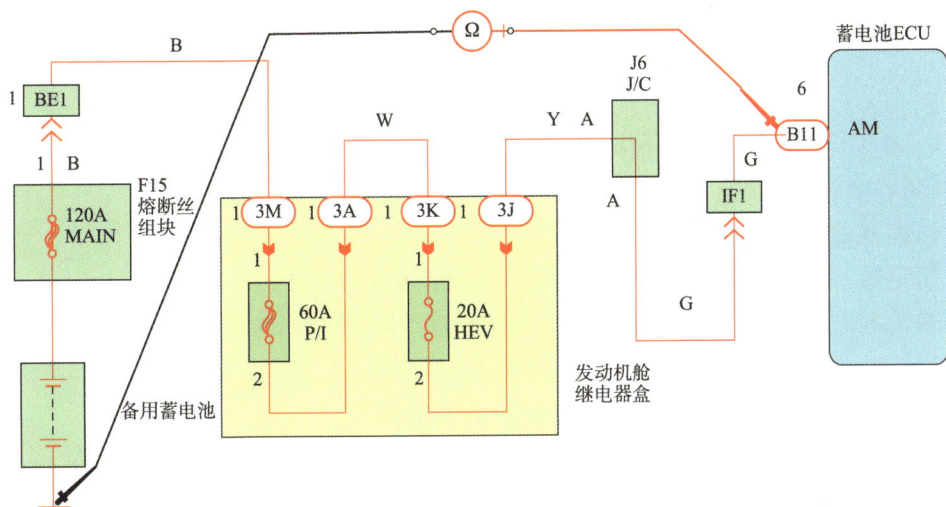

图 4-1-27　测量示意图（3）

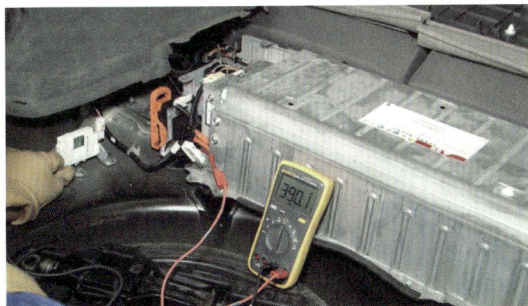

图 4-1-28　测量电阻阻值应大于 10kΩ 或者更大

(7)安装拆卸的连接器。

(8)安装 12V 备用蓄电池端子。

2. 丰田普锐斯 HV 蓄电池冷却系统电路检测

💡 提示：

从 HV 蓄电池 ECU 的 FCTL1 端子流出的电流向蓄电池鼓风机继电器的继电器线圈供电。当继电器触电闭合时,则向电池鼓风机总成供电。

当 HV 蓄电池 ECU 输出风扇运行信号时,鼓风机电动机控制调节施加给蓄电池鼓风机总成的电压,以便获得需要的风扇转速。调节信号同时以监控信号的形式输送给蓄电池 ECU 的 VM 端子。鼓风机电动机控制通过监控蓄电池鼓风机总成的 + B 端子的电压调节鼓风机电动机的电压。

HV 蓄电池冷却系统的检测操作流程如下。

1)检查 10A 风扇熔断丝和蓄电池鼓风机继电器

(1)打开发动机舱继电器盒,找出风扇熔断丝和鼓风机继电器的位置。

(2)拆下继电器盒内的风扇熔断丝,检查熔断丝是否熔断。

(3)拆下鼓风机继电器。

(4)检查鼓风机继电器是否正常。

(5)测量完毕,将拆卸的各部件装复归位。

2)检查蓄电池鼓风机总成

(1)断开蓄电池鼓风机总成 B9 连接器。

(2)连接蓄电池正负极端子至鼓风机总成连接器端子 2 和 1。

(3)施加电压,观察鼓风机运转情况;鼓风机应运转,否则更换鼓风机总成。

(4)断开连接线,连接蓄电池鼓风机总成 B9 连接器。

3. 丰田普锐斯 HV 蓄电池温度传感器的检测

💡 提示：

在 HV 蓄电池的底部安装有 3 个蓄电池温度传感器,在每个蓄电池温度传感器里的热敏电阻的阻值随着 HV 蓄电池总成的温度改变而改变。蓄电池温度越低,热敏电阻阻值越高;相反温度越高,电阻越低。

HV 蓄电池 ECU 使用蓄电池温度传感器检测 HV 蓄电池总成的温度。根据检测的结果,蓄电池 ECU 控制蓄电池鼓风机总成。这样,当 HV 蓄电池温度上升到预定数值时,将起动鼓风机风扇。HV 蓄电池温度传感器电路示意图如图 4-1-29 所示。

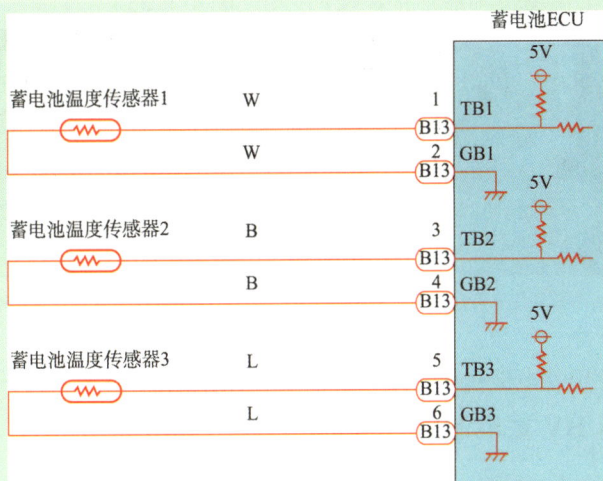

图 4-1-29　HV 蓄电池温度传感器电路示意图

HV 蓄电池温度传感器的检测操作流程如下。

1）读取故障码和数据流

（1）将诊断仪插头接入诊断插座。

（2）打开点火开关至 ON 挡。

（3）打开诊断仪,选择"与车辆连接"及"HV 蓄电池"。

（4）读取 HV 蓄电池系统的故障码（图 4-1-30）。

（5）选择"数据列表"查看数据流,选择 3 个温度传感器选项,查看蓄电池温度（图 4-1-31）。

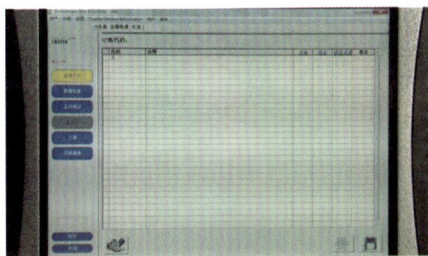

图 4-1-30　读取 HV 蓄电池系统的故障码

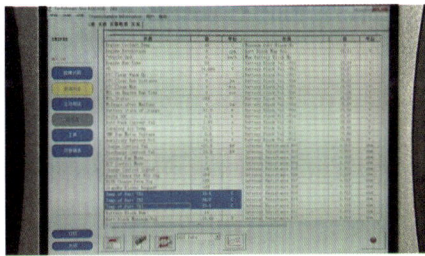

图 4-1-31　查看蓄电池温度

2）检查蓄电池温度传感器的连接线路

（1）断开 12V 备用蓄电池负极。

（2）断开维修开关,等待 5min 以上。

（3）拔出 HV 蓄电池温度传感器连接器,检查针脚是否松脱、虚接（图 4-1-32）。

注意:

　　蓄电池温度传感器作为一个单元,不能起作用而且要求更换时,需要更换整个 HV 蓄电池组总成。

(4)将 HV 蓄电池温度传感器连接器按回原位(图 4-1-33)。

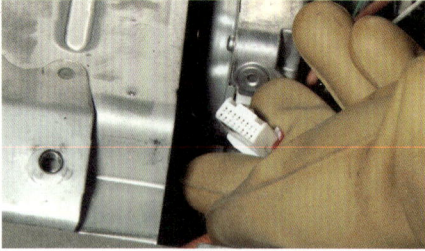

图 4-1-32　检查蓄电池温度传感器连接器针脚

图 4-1-33　将 HV 蓄电池温度传感器连接器按回原位

(5)安装维修开关。

(6)安装 12V 备用蓄电池负极。

4.丰田普锐斯 HV 蓄电池电流传感器的检测

提示:

安装在 HV 蓄电池总成上负极电缆侧的蓄电池电流传感器,检测流入 HV 蓄电池的电流值。蓄电池电流传感器向蓄电池 ECU 的 IB 端子输入一个电压,电压根据电流值在 0~5V 之间变化。蓄电池电流传感器的输出电压低于 2.5V 时,指示 HV 蓄电池总成正在充电;高于 2.5V 时,指示 HV 蓄电池总成正在放电。

蓄电池 ECU 根据输入到 IB 端子的信号来决定 HV 蓄电池总成的充电和放电,并通过确定电流值测算 HV 蓄电池的充电状态。其电路示意图如图 4-1-34 所示。

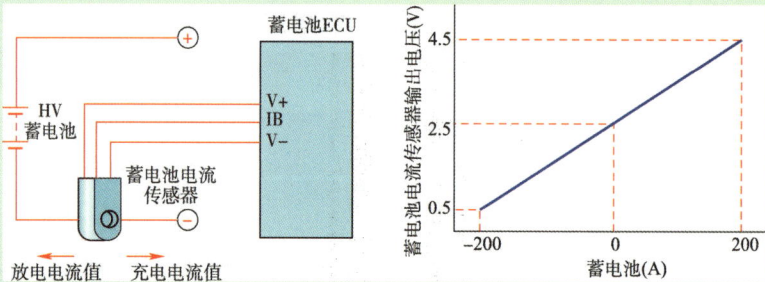

图 4-1-34　电路示意图

1)读取故障码和数据流

(1)将诊断仪插头接入车辆诊断插座。

(2)打开点火开关至 ON 挡。

(3)打开诊断仪,选择"与车辆连接"及"HV 蓄电池"。

(4)读取故障码。选择故障码,查询 DTC 是否有 P3056 蓄电池电流传感器故障。

提示:

如果手动维修开关(检修塞)卡箍拆下来,打开电源开关时,将会输出关于互锁开关的系统故障码。

（5）选择"数据列表"查看数据流，选择 Batt Pack Current Val，查看电池组电流值有无波动（图4-1-35）。

2）检查 HV 蓄电池 ECU 与蓄电池电流传感器的连接情况

（1）断开 12V 备用蓄电池负极。

（2）断开维修开关，等待 5min 以上。

（3）断开 HV 蓄电池 ECU B13 连接器（图4-1-36）。

（4）断开蓄电池电流传感器连接器（图4-1-37）。

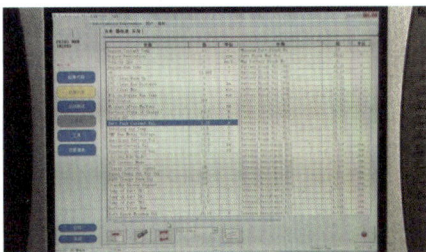

图 4-1-35　查看电池组电流值有无波动

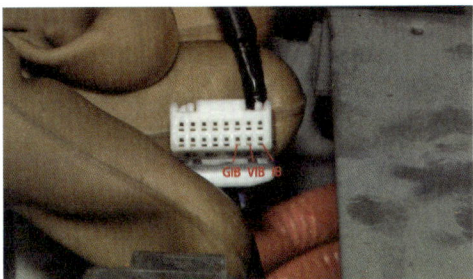

图 4-1-36　断开 HV 蓄电池 ECU B13 连接器

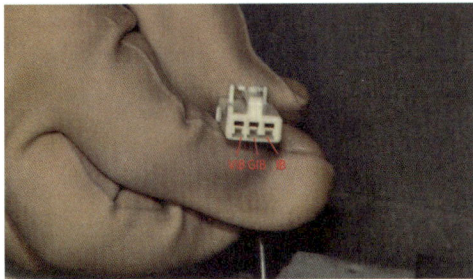

图 4-1-37　断开蓄电池电流传感器连接器

（5）接通 12V 备用蓄电池负极，打开电源开关至 IG 挡。

（6）测量蓄电池电流传感器连接器端子和车身搭铁之间的电压。

①将正极探针插入蓄电池电流传感器连接器的 VIB 针脚（图4-1-38）。

②将负极探针与车身搭铁。

③将万用表旋至直流电压挡，测量对车身搭铁电压，电压值应小于 1V（图4-1-39）。

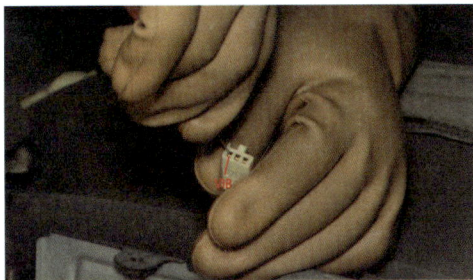

图 4-1-38　将正极探针插入传感器连接器的 VIB 针脚

图 4-1-39　测量对车身搭铁的电压

④用同样的方法，分别测量蓄电池电流传感器的 GIB、IB 针脚对车身搭铁的电压，电压值应小于 1V。

（7）关闭电源开关，并断开 12V 备用蓄电池负极。

3）检查线束连接器间的电阻

（1）将万用表旋至电阻挡，校准万用表。

（2）将正极探针插入蓄电池电流传感器 1 号针脚中（图4-1-40）。

(3)将负极探针插入蓄电池 ECU 中 B13 连接器的 VIB 针脚中,测量电阻,电阻值应小于 1Ω(图 4-1-41)。

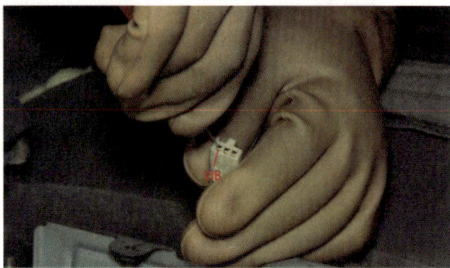

图 4-1-40　将正极探针插入蓄电池电流传感器 1 号针脚中

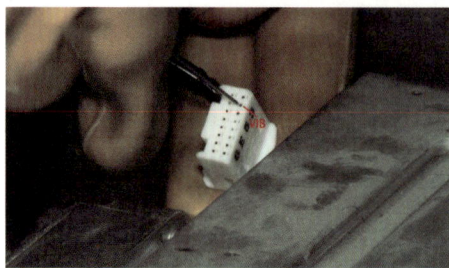

图 4-1-41　测量蓄电池 ECU 的 B13 连接器的 VIB 针脚电阻

(4)用同样的方法分别测量蓄电池电流传感器 2 号针脚与蓄电池 ECU 中 B13 连接器的 GIB 针脚、蓄电池电流传感器 3 号针脚与蓄电池 ECU 中 B13 连接器的 IB 针脚的电阻,电阻值应小于 1Ω。

(5)将正极探针插入蓄电池电流传感器 1 号针脚中(图 4-1-42)。

(6)将负极探针与车身搭铁,测量对车身搭铁的电阻,电阻值应大于 10kΩ 或者更大(图 4-1-43)。

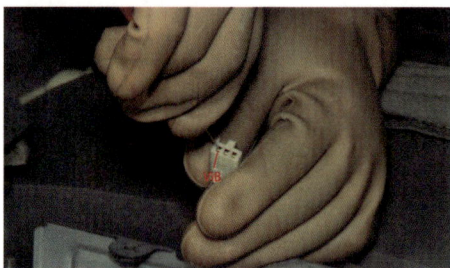

图 4-1-42　将正极探针插入蓄电池电流传感器 1 号针脚中

图 4-1-43　测量对车身搭铁的电阻

(7)用同样的方法分别测量蓄电池电流传感器 2 号针脚、3 号针脚对车身搭铁的电阻,电阻值应大于 10kΩ 或者更大。

> 💡 **注意:**
>
> 　　蓄电池电流传感器作为一个单元,不能起作用而且要求更换时,需要更换整个 HV 蓄电池组总成。

(8)关闭万用表,安装已拆卸的连接器、手动维修开关,最后安装 12V 备用蓄电池负极。

学习测试

1.填空题

(1)混合动力电动汽车常见的故障主要包括因电力系统导致_____不能驱动,或

_____系统失效的故障症状。

(2)12V 蓄电池电源恒定地向动力电池 ECU 的 AM 端子供电,维持储存器内的_____和_____。

(3)动力电池系统故障会导致仪表_____和_____警告灯点亮。

(4)在 HV 蓄电池的底部安装有_____个蓄电池温度传感器。

(5)蓄电池电流传感器安装在 HV 蓄电池总成上的_____极电缆侧。

2. 判断题

(1)造成动力电池温度过高的原因之一是鼓风机不能正常工作。　　　　　(　　)

(2)如果线路导通,测量的正常阻值应小于 10kΩ。　　　　　　　　　(　　)

(3)蓄电池温度越低,传感器热敏电阻阻值越大。　　　　　　　　　(　　)

(4)蓄电池电流传感器可以单独更换。　　　　　　　　　　　　(　　)

(5)丰田普锐斯 HV 蓄电池冷却系统采用水冷。　　　　　　　　　(　　)

3. 单项选择题

(1)控制 HV 蓄电池鼓风机的控制模块是(　　)。

　　A. VCU　　　　　　　　　　　　B. HV 蓄电池 ECU

　　C. ECM　　　　　　　　　　　　D. 网关控制 ECU

(2)丰田普锐斯 HEV 熔断丝的规格是(　　)。

　　A. 10A　　　　　B. 20A　　　　　C. 30A　　　　　D. 60A

(3)HV 蓄电池 ECU 根据输入到(　　)的信号来决定 HV 蓄电池总成的充电和放电。

　　A. IG 端子　　　　B. ST 端子　　　　C. IB 端子　　　　D. IC 端子

(4)手动维修开关(检修塞)拆下来后,系统会输出(　　)故障码。

　　A. 起动系统　　　　　　　　　　B. 网络系统

　　C. 电源系统　　　　　　　　　　D. 互锁开关系统

(5)电流传感器输出提供 HV 蓄电池 ECU 判断充放电电压是(　　)。

　　A. 1V　　　　　B. 2.5V　　　　　C. 5V　　　　　D. 12V

任务2　混合动力电动汽车电机及驱动系统故障诊断与排除

提出任务

客户反映其丰田普锐斯车辆不能正常行驶,你的主管已经使用专用的诊断仪检查发现存在电机及驱动系统故障。现在需要你将这个故障的故障点准确地找出来,你能做到吗?

任务要求

知识要求

1. 能够描述混合动力电动汽车驱动系统故障表现形式；
2. 能够描述混合动力电动汽车驱动系统故障码和数据流内容；
3. 能够描述混合动力电动汽车驱动系统故障诊断方法。

能力要求

1. 能够进行驱动系统前轮转动检查；
2. 能够进行驱动系统在旋转过程中阻力增加的原因检查；
3. 能够分析混合动力电动汽车电机及驱动系统典型故障诊断。

素质要求

1. 培养良好的职业道德和工匠精神；
2. 培养团队合作、敬业奉献、服务人民的精神；
3. 培养自我管理和自主学习能力。

相关知识

以下以丰田普锐斯为例，介绍混合动力电动汽车电机及驱动系统故障诊断与排除方法。

1. 混合动力电动汽车电机及驱动系统故障表现形式

混合动力电动汽车电机及驱动系统故障将导致车辆不能正常行驶，其常见的故障包括：

图4-2-1 混合动力电动汽车仪表动力系统故障警告灯

(1)变频器(即电机控制器、逆变器)本身故障。

(2)变频器或驱动电机温度过高。

(3)电机旋变(触角器)传感器故障等。

驱动系统故障会导致：

(1)仪表故障警告灯点亮。如图4-2-1所示，电机及驱动系统故障会导致动力系统故障警告灯点亮。

(2)车辆功率降低或暂停动力输出。混合动力电动汽车电机及驱动系统故障会导致车辆降低运行功率或暂停动力输出。

电机及驱动系统的数据流主要在 HV 控制 ECU 内，可使用诊断仪读取到关于驱动系统的故障码和数据流。

混合动力电动汽车电机及驱动系统故障码和数据流请参照仪器显示的内容。

2. 混合动力电动汽车电机及驱动系统典型故障诊断方法

1）驱动电机温度传感器异常的故障

（1）故障现状。仪表提示驱动电机温度过高，系统功率降低。

（2）故障原因分析。变频器模块会通过驱动电机内的温度传感器和供给的电流计算电机的温度，当温度异常时，系统将降低驱动电机的输出功率，让驱动电机尽快冷却。

采集驱动电机温度的传感器是热敏电阻传感器。热敏电阻的阻值和驱动电机温度传感器相关，它根据驱动电机温度的变化而变化。驱动电机温度越低，热敏电阻的阻值越大。相反，驱动电机温度越高，热敏电阻的阻值越小。驱动电机温度传感器与 HV 控制 ECU 连接。由 HV 控制 ECU 的 MMT 端子提供的 5 V 的电源电压经过电阻 R 到达驱动电机温度传感器。

为了防止驱动电机过热，HV 控制 ECU 根据这种信号限制负载。另外，HV 控制 ECU 检查驱动电机温度传感器是否出现线路故障和传感器故障。

以 1 号电机（MG1，发电机）温度传感器为例，其相关电路图及连接端子如图 4-2-2 所示。

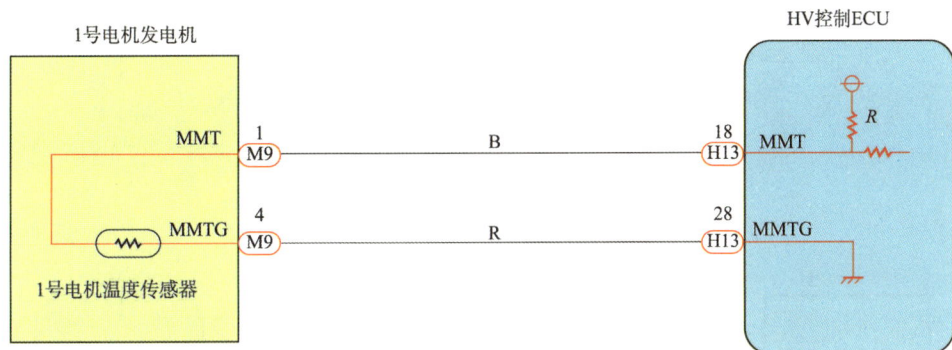

图 4-2-2　驱动电机温度传感器电路图

（3）诊断关键步骤及参数。

①使用诊断仪读取驱动电机温度传感器数据。

进入专用诊断仪的下列菜单：powertrain/Hybird Contro/Data list。

读取专用诊断仪上显示的 MG1 发电电机温度值，见表 4-2-1。

MG1 发电电机温度值显示　　　　　　　　　　　　　　表 4-2-1

温度显示	温度显示	温度显示
−50℃（−58℉）	205℃（401℉）	−49～204℃（−57～400℉）

> 💡 **提示：**
>
> 如果电路开路或 +B 短路，则专用诊断仪显示的数据是 −50℃（−58℉）。
>
> 如果电路 GND 短路，则专用诊断仪显示的数据是 205℃（401℉）。

②显示的温度不在正常范围内（−49～204℃），需要检查温度传感器与 HV 控制 ECU 之间的连接线路以及温度传感器本身技术状态。详细检查方法与步骤，请参考热敏电阻类传感器的诊断方法。

2)电机旋变传感器(触角器)异常的故障

(1)故障症状。仪表显示驱动系统故障,车辆不能正常驱动(MG2 旋变传感器故障),或发动机不能被正常起动(MG1 旋变器故障)。

(2)故障原因分析。电机旋变传感器是一种检测转子磁极位置的传感器,它对保证 MG1 和 MG2 的高效控制是必需的。旋变传感器的定子包括一个励磁线圈和两个检测线圈。因为转子是椭圆形的,定子和转子间的间隙随着转子转动而变化。预定频率的交流电流过励磁线圈和检测线圈 S 和 C,并且根据传感器转子的位置输出交流电。电机旋变传感器发生故障时,会造成电机运转错误甚至不能运转。

图 4-2-3 所示是电机旋变传感器工作原理图,图 4-2-4 所示是电机旋变传感器控制电路(以 MG2 电机为例)。

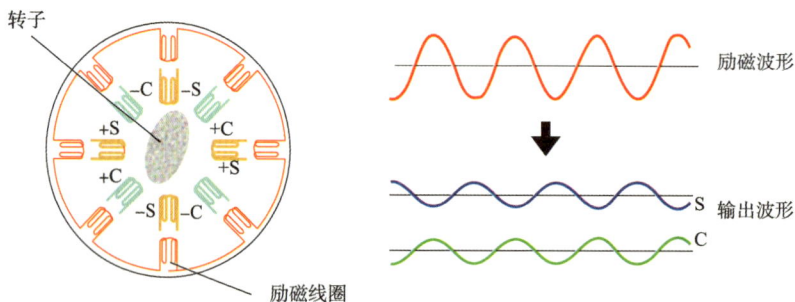

图 4-2-3　电机旋变传感器工作原理图

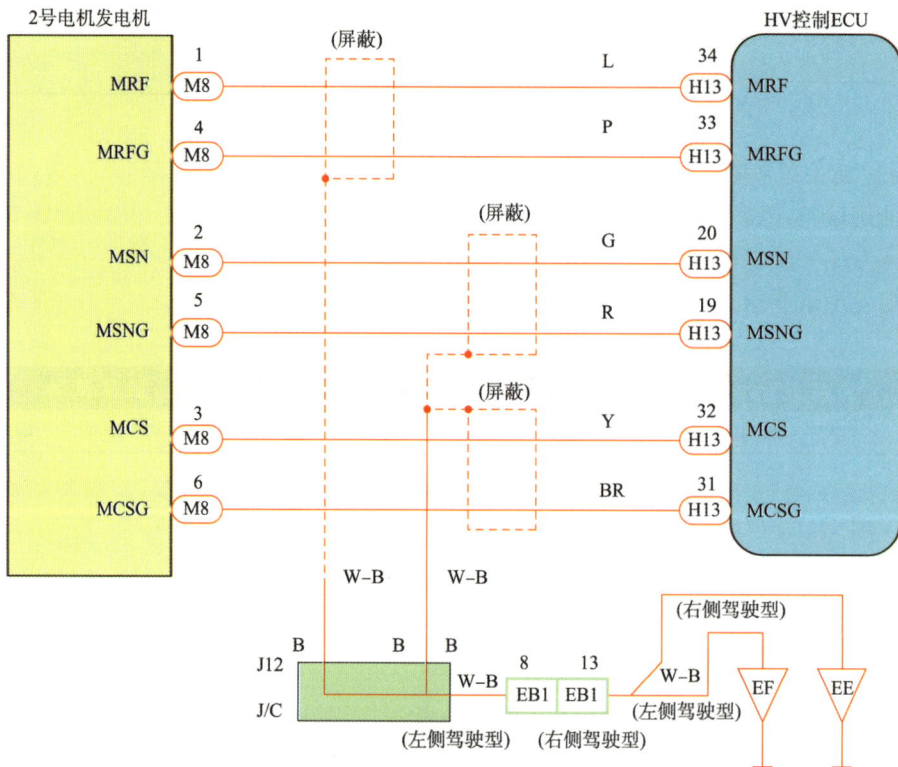

图 4-2-4　电机旋变传感器电路图

（3）诊断关键步骤及参数。

①使用诊断仪读取相关故障码。

②使用诊断仪读取对应故障码所指电机的数据流。数据流应该显示出电机的转动角度。

③检查线束与连接器（HV 控制 ECU-传感器电路），如图 4-2-5 所示。

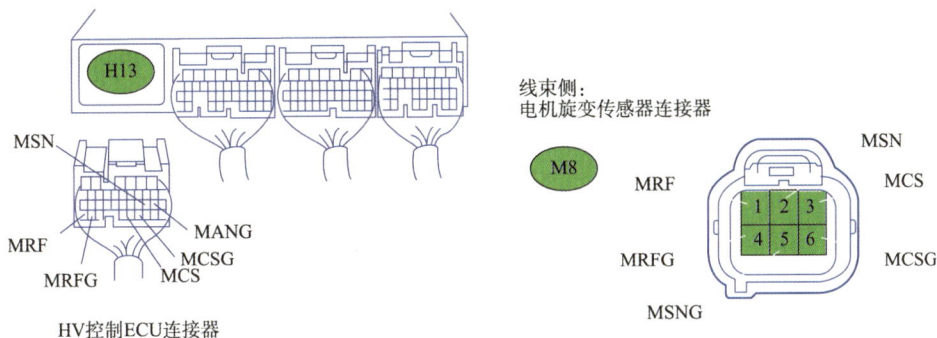

图 4-2-5　线束与连接器

a. 断开 HV 控制 ECU H13 连接器和旋变传感器连接器。

b. 打开点火开关。

c. 测量 HV ECU 连接器端子与车身搭铁间的电压，正常值见表 4-2-2。

HV ECU 连接器端子与车身搭铁间的电压　　表 4-2-2

万用表连接	正 常 值	万用表连接	正 常 值
MRF（H13-34）—车身搭铁	<1V	MSNG（H13-19）—车身搭铁	<1V
MRFG（H13-33）—车身搭铁	<1V	MCS（H13-32）—车身搭铁	<1V
MSN（H13-20）—车身搭铁	<1V	MCSG（H13-31）—车身搭铁	<1V

d. 关闭点火开关。

e. 检查线束侧连接器间的电阻。

线路开路检查正常值见表 4-2-3。

HV ECU 连接器线束开路检查　　表 4-2-3

万用表连接	正 常 值	万用表连接	正 常 值
MRF（H13-34）— MRF（M8-1）	<1Ω	MSNG（H13-19）—MSNG（M8-5）	<1Ω
MRFG（H13-33）— MRFG（M8-4）	<1Ω	MCS（H13-32）—MCS（M8-3）	<1Ω
MSN（H13-20）—MSN（M8-2）	<1Ω	MCSG（H13-31）—MCSG（M8-6）	<1Ω

短路检查正常值见表 4-2-4。

HV ECU 连接器线束短路检查　　表 4-2-4

万用表连接	标 准 值
MRF（H13-34）—MRF（M8-1）—车身搭铁	10kΩ 或更大
MRFG（H13-33）—MRFG（M8-4）—车身搭铁	10kΩ 或更大
MSN（H13-20）—MSN（M8-2）—车身搭铁	10kΩ 或更大

万用表连接	标 准 值
MSNG(H13-19)—MSNG(M8-5)—车身搭铁	10kΩ 或更大
MCS(H13-32)—MCS(M8-3)—车身搭铁	10kΩ 或更大
MCSG(H13-31)—MCSG(M8-6)—车身搭铁	10kΩ 或更大

④检查电机旋变传感器本身电阻。图 4-2-6 所示是电机旋变传感器端子图。

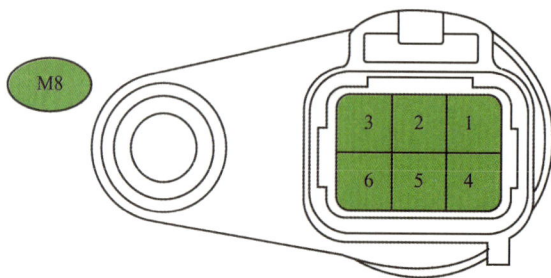

图 4-2-6　电机旋变传感器端子图

a.测量电机旋变传感器端子间的电阻,正常值见表 4-2-5。

电机旋变传感器端子间的电阻值　　　　　　　　　　表 4-2-5

万用表连接	正 常 值	万用表连接	正 常 值
MRF(M8-1)—MRFG(M8-4)	7.65 ~ 10.2Ω	MCS(M8-3)—MCSG(M8-6)	12.6 ~ 16.8Ω
MSN(M8-2)—MSNG(M8-5)	12.6 ~ 16.8Ω		

b.用绝缘电阻表检查电机旋变传感器端子间的绝缘电阻,正常值见表 4-2-6。

电机旋变传感器端子间的绝缘电阻值　　　　　　　　表 4-2-6

万用表连接	正 常 值	万用表连接	正 常 值
MRF(H13-34)—MRF(M8-1)	10MΩ 或更大	MSNG(H13-19)—MSNG(M8-5)	10MΩ 或更大
MRFG(H13-33)—MRFG(M8-4)	10MΩ 或更大	MCS(H13-32)—MCS(M8-3)	10MΩ 或更大
MSN(H13-20)—MSN(M8-2)	10MΩ 或更大	MCSG(H13-31)—MCSG(M8-6)	10MΩ 或更大

3)变频器性能的故障

(1)故障症状。仪表显示驱动系统失效,使用诊断仪检查存在变频器性能故障码。

(2)故障原因分析。变频器为 MG1/MG2,将 HV 蓄电池高压直流电转换成交流电。变频器内包含一个三相桥电路,它由 6 个功率晶体管组成,每个对应于 MG1 和 MG2,用来转换直流电和三相交流电。HV 控制 ECU 控制功率晶体管的激活。变频器将控制所必需的信息,例如安培数和电压传送到 HV 控制 ECU。

HV 控制 ECU 使用电压传感器,它内置于变频器中,用来检测升压后的高压并进行升压控制。变频器电压传感器根据高压的不同输出一个值在 0 ~ 5V 之间的电压。高压越高,输出电压越高;高压越低,输出电压越低。HV 控制 ECU 根据电压传感器的信号监控变频器电压并检测故障。变频器电路图如图 4-2-7 所示。

如果变频器出现电路断路、短路、过热或其他故障,则变频器通过电机变频器故障信号线路将此信息传送到 HV ECU 的 MFIV 端子。

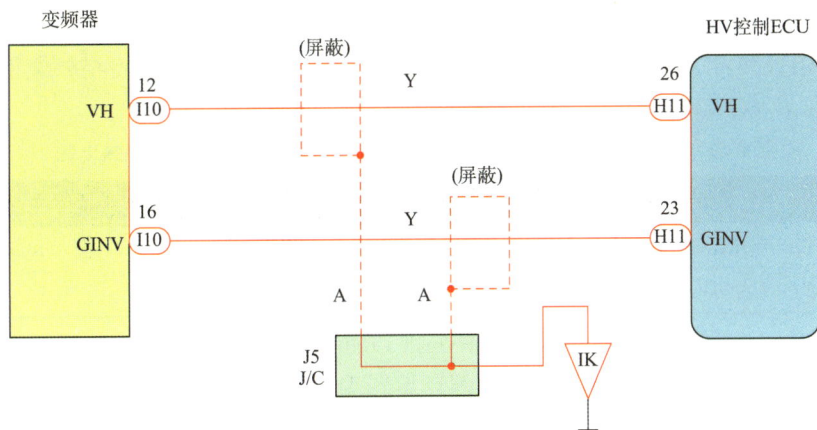

图 4-2-7　变频器电路图

⚠ **警告：**

诊断前,至少需要5min对变频器内的高压电容器进行放电。

（3）诊断关键步骤及参数。

①使用专用诊断仪按 Powertrain/Hybrid Control/DTC 菜单读取 DTC。

②检查混合动力 HV 控制 ECU、变频器连接器的连接情况,是否存在松动或连接不良。

③检查混合动力电动汽车电机线圈电阻,如图4-2-8 所示。

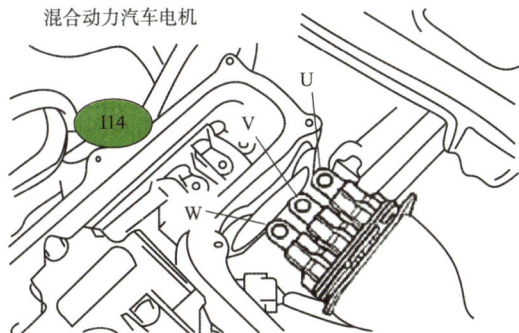

图 4-2-8　检查混合动力电动汽车电机线圈电阻

a.检查手动维修开关与变频器盖是否已经拆下。

b.检查三相电机电缆螺栓是否按标准力矩拧紧,标准力矩为8N·m。

c.从变频器断开混合动力电动汽车电机的三相交流电电缆。

d.用万用表测量混合动力电动汽车电机三相交流电电缆端子电阻,正常值见表4-2-7。

混合动力电动汽车电机三相交流电电缆端子电阻　　　　　　表 4-2-7

万用表连接	正 常 值	万用表连接	正 常 值
U（I14-1）—V（I14-2）	20℃时小于135MΩ	W（I14-3）—U（I14-1）	20℃时小于135MΩ
V（I14-2）—W（I14-3）	20℃时小于135MΩ		

e. 计算 U—V/U—W/W—U 端子最大和最小电阻间的差,正常值应该小于 2MΩ。

f. 用万用表测量混合动力电动汽车电机三相交流电电缆端子与车身搭铁之间的绝缘电阻,正常值见表 4-2-8。

混合动力电动汽车电机三相交流电电缆端子与车身搭铁之间的绝缘电阻 　　表 4-2-8

万用表连接	正 常 值	万用表连接	正 常 值
U(I14-1)—车身搭铁	10MΩ 或更大	W(I14-3)—车身搭铁	10MΩ 或更大
V(I14-2)—车身搭铁	10MΩ 或更大		

④使用专用诊断仪,进入 Powertrain/Hybrid Control/Activetest 菜单。

当变频器驱动强制停止时,测量变频器连接器端子间的电压,正常值见表 4-2-9。

变频器连接器端子间的电压 　　表 4-2-9

万用表连接	正 常 值	万用表连接	正 常 值
MUU(I10-9)—GINV(I10-16)	12 ~ 16V	MWU(I10-11)— GINV(I10-16)	12 ~ 16V
MVU(I10-10)—GINV(I10-16)	12 ~ 16V		

(4)如果以上测试均在标准值范围内,则需要更换变频器总成。

任务实施

(一)工作准备

(1)防护装备:绝缘防护装备。

(2)车辆、台架、总成:丰田普锐斯,或同类混合动力电动汽车台架。

(3)专用工具、设备:丰田普锐斯故障诊断仪,万用表。

(4)手工工具:组合工具。

(5)辅助材料:干净抹布,诊断与维修必要的熔断丝等耗材。

(二)实施步骤

⚠️ **警告:**

在执行高压车辆诊断及维护前,务必佩戴完好的个人防护装备,并严格遵守正确的操作步骤!

1. 驱动系统前轮转动检查

驱动系统前轮转动检查操作过程如下。

(1)打开电源开关至 IG 挡。

(2)踩下制动踏板,把变速器操纵杆移动至 N 挡。

（3）举升车辆。

（4）手动转动曲轴皮带轮检查前轮是否旋转（图4-2-9）。

（5）打开电源开关至 READY 挡，即仪表 READY 灯点亮。

（6）举升车辆离地 20cm（图4-2-10）。

（7）踩下制动踏板，把变速器操纵杆移动到 D 挡位置，然后松开制动踏板。

（8）检查前轮是否旋转（图4-2-11）。

图4-2-9　手动转动曲轴皮带轮检查前轮是否旋转

图4-2-10　举升车辆离地 20cm

图4-2-11　检查前轮是否旋转

💡 **提示：**

如果车轮不转动，并且诊断仪上显示 HV 变速驱动桥（电机及驱动系统）输入故障，则应更换混合动力电动汽车变速驱动总成。

2. 驱动系统在旋转过程中阻力增加的原因检查

（1）检查发动机润滑系统和变速驱动桥润滑系统（图4-2-12）。

（2）检查发动机冷却液和变速驱动桥冷却液（图4-2-13）。

图4-2-12　检查发动机润滑系统和变速驱动桥
　　　　　润滑系统

图4-2-13　检查发动机冷却液和变速驱动桥冷却液

（3）检查发动机本身和变速驱动桥本身是否有故障（图4-2-14）。

图4-2-14　检查发动机本身和变速驱动桥

学习测试

1. 填空题

(1)驱动系统故障会导致仪表＿＿＿＿故障警告灯点亮。

(2)混合动力电动汽车驱动系统故障会导致车辆＿＿＿＿或＿＿＿＿。

(3)变频器模块检测到温度异常时,系统将降低电机的＿＿＿＿,让电机尽快＿＿＿＿。

(4)＿＿＿＿传感器是一种检测转子磁极位置的传感器。

(5)变频器为MG1/MG2,将HV蓄电池高压＿＿＿转换成＿＿＿。

2. 判断题

(1)驱动系统的数据流主要在HV控制ECU内。　　　　　　　　　　　　　　　(　　)

(2)驱动电机温度越高,温度传感器热敏电阻的阻值越大。　　　　　　　　　(　　)

(3)变频器高压越高,输出电压越高;高压越低,输出电压越低。　　　　　　(　　)

(4)电机驱动系统的控制核心组件是HV控制ECU。　　　　　　　　　　　　(　　)

(5)混合动力电动汽车驱动系统故障可能导致车辆不能正常行驶。　　　　　(　　)

3. 单项选择题

(1)旋变传感器是利用(　　)制成的。

　　A.电磁感应原理　　　　B.电涡流原理　　　　C.霍尔效应原理　　　　D.光电原理

(2)使用诊断仪读取到驱动电机温度为205℃,表明(　　)。

　　A.对电源短路　　　　B.线路内部存在开路　　C.对搭铁短路　　　　D.情况正常

(3)如果车轮不转动,并且诊断仪上显示HV变速驱动桥输入故障,则应更换(　　)。

　　A.车轮　　　　　　　　　　　　　　　　B.动力电池

　　C.混合动力电动汽车变速驱动总成　　　　D.电机

(4)混合动力电动汽车电机三相端子最大和最小电阻之间的差应(　　)。

　　A.大于2MΩ　　　　B.小于2MΩ　　　　C.越大越好　　　　D.为0

(5)驱动系统在旋转过程中阻力增加的原因可能是(　　)。

　　A.发动机润滑系统和变速驱动桥润滑系统故障

　　B.发动机冷却液和变速驱动桥冷却液不足

　　C.混合动力电动汽车变速驱动总成故障

　　D.以上都有可能

任务 3 混合动力电动汽车整车动力控制系统故障诊断与排除

提出任务

一辆丰田普锐斯车辆不能正常起动,你的主管使用专用诊断仪检查发现有 HV 蓄电池的高压接触器不能正常工作的故障码,现在你被安排到去继续检查与维修这辆汽车,你能完成这个任务吗?

任务要求

知识要求

1. 能够描述丰田普锐斯整车动力控制系统故障表现形式;
2. 能够描述丰田普锐斯整车控制系统典型故障诊断方法。

能力要求

1. 能够进行混合动力电动汽车发动机和动力控制系统故障码读取与清除;
2. 能够进行曲轴位置传感器线路检测;
3. 能够进行混合动力电动汽车 HV 控制 ECU 和发动机 ECM 线路检测;
4. 能够进行仪表 READY 灯和发动机转速检测。

素质要求

1. 培养良好的职业道德和工匠精神;
2. 培养安全意识和团队协作精神;
3. 培养不畏技术困难,努力钻研技术的习惯,不断提出真正解决问题的新理念新思路新办法。

相关知识

以下以丰田普锐斯为例,介绍混合动力电动汽车整车动力控制系统故障诊断与排除方法。

1. 混合动力电动汽车整车动力控制系统故障表现形式

丰田普锐斯混合动力控制系统的故障主要集中在 HV 蓄电池(即动力电池)系统、电机

及变速驱动系统,这可能包括:

(1)HV 控制 ECU 模块本身故障。

(2)高压接触器(继电器)不能正常吸合(导致该故障的原因有很多,例如系统检测到绝缘故障、接触器本身烧蚀等)。

(3)因驱动系统导致的故障,如驱动电机不能正常运行导致发动机不能起动等。

整车动力控制系统故障会导致:

(1)仪表故障警告灯点亮。如图 4-3-1 所示,整车动力控制系统故障会导致仪表以下故障灯点亮。

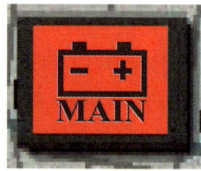

a)HV蓄电池警告灯 　　b)车辆动力系统故障警告灯

图 4-3-1　混合动力电动汽车仪表故障警告灯

(2)车辆不能起动或功率降低。未起动车辆前,会导致车辆不能正常起动;高速运行的车辆会导致车辆降低运行功率。

2. 混合动力汽车整车控制系统典型故障诊断方法

1)因 HV 控制 ECU 供电异常导致失去通信的故障

(1)故障症状。HV 控制 ECU 不通信,混合动力故障警告灯点亮,且车辆不能正常起动。故障参考电路图如图 4-3-2 所示。

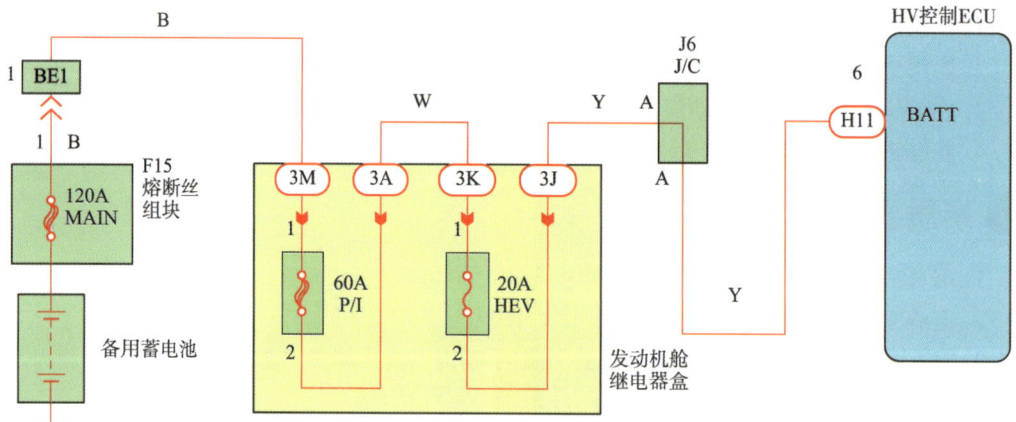

图 4-3-2　HV 控制 ECU 控制电路图

(2)诊断关键步骤及参数。

①如图 4-3-3 所示,检查 20A 熔断丝。

a. 拆下发动机舱继电器盒的 HEV 熔断丝。

b. 检查 HEV 熔断丝的电阻。正常值小于 1Ω。

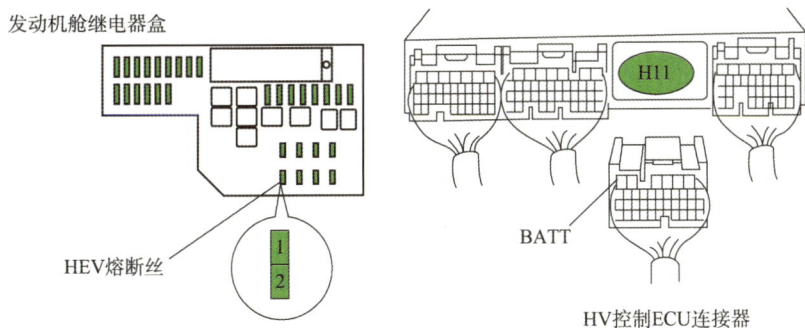

图 4-3-3　HEV 熔断丝位置及 HV 控制 ECU 连接器

②检查 HV 控制 ECU 到蓄电池的连接器及线束。

a. 断开备用蓄电池负极端子。

b. 拆下发动机舱继电器盒的 HEV 熔断丝,并断开 HV 控制 ECU H11 连接器。

c. 检查线束侧连接器间的电阻,正常值见表 4-3-1。

BATT 到 HEV 熔断丝 2 线束侧连接器间的电阻　　　　　　表 4-3-1

万用表连接	正 常 值
BATT(H11-6)—HEV 熔断丝 2	<1Ω

③检查线束侧连接器间的电阻,如图 4-3-4 所示。正常值见表 4-3-2。

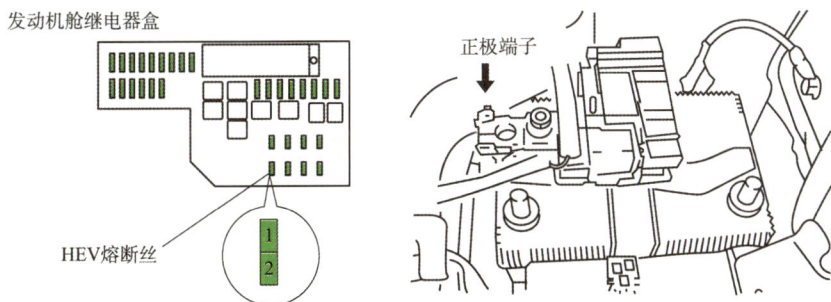

图 4-3-4　HEV 熔断丝位置及备用蓄电池正极端子

HEV 熔断丝 1 到备用蓄电池正极端子线束侧连接器间的电阻　　　　表 4-3-2

万用表连接	正 常 值
HEV 熔断丝 1—备用蓄电池正极端子	<1Ω

④检查 HV 控制 ECU 到 HEV 熔断丝的连接器及线束,正常值见表 4-3-3。

BATT-HEV 熔断丝 2 与车身搭铁间的电阻　　　　　　表 4-3-3

万用表连接	正 常 值
BATT(H11-6)或 HEV 熔断丝 2—车身搭铁	10kΩ 或更大

a. 断开 HV 控制 ECU H11 连接器。

b. 检查线束侧连接器间的电阻。

☀️ **注意：**

当用万用表进行测量时,不要对万用表探针用力过大,以免损坏保持架。

如以上检查均正常,则需要更换 HV ECU 模块。

2)混合动力发动机不能正常起动的故障

(1)故障症状。仪表提示混合动力系统故障,发动机不能正常起动。

(2)故障原因分析。在丰田普锐斯中,如果发动机或变速器驱动桥齿轮被卡住,或异物进入它们中的任意一个中,则 HV 控制 ECU 就会检测到 DTC 并且起动安全保护控制。如图 4-3-5 所示,曲轴位置传感器故障(传统发动机控制原理)以及发动机 ECM 或 HV 控制 ECU 故障,都可能造成发动机不能起动。

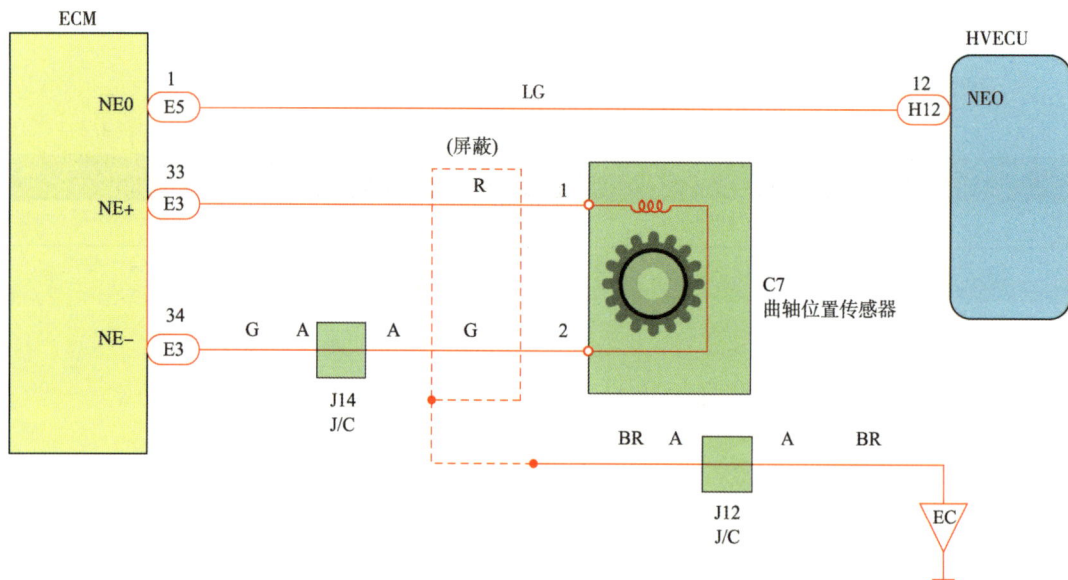

图 4-3-5　丰田普锐斯发动机 ECM 与 HV 控制 ECU 电路图

(3)诊断关键步骤及参数。

①读取 DTC。进入诊断仪的下列菜单:Powerteain/Engine and ETC/DTC,读取相关 DTC。

②检查曲轴皮带轮是否正常转动。

a. 关闭电源开关。

b. 顶起车辆。

c. 手动转动曲轴皮带轮检查曲轴是否旋转。

③检查线束和连接器(ECM-曲轴位置传感器)。

a. 断开 ECM 的 E3 连接器,如图 4-3-6 所示。

b. 断开 C7 曲轴位置传感器连接器。

c. 检查线束侧连接器间的电阻,正常值见表 4-3-4、表 4-3-5。

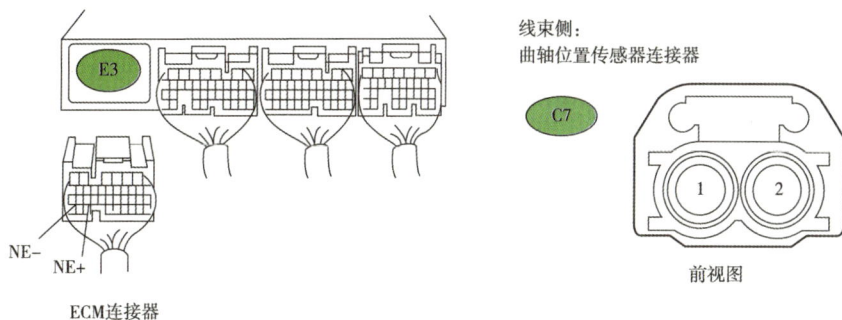

线束侧:
曲轴位置传感器连接器

前视图

图 4-3-6 ECME3 连接器与曲轴位置传感器连接器端子图

ECM 的 E3 连接器与曲轴位置传感器连接器标准(开路检查)   表 4-3-4

万用表连接	正常值
NE +(E3-33)—曲轴位置传感器(C7-1)	<1Ω
NE +(E3-34)—曲轴位置传感器(C7-2)	<1Ω

ECM 的 E3 连接器与曲轴位置传感器连接器标准(短路检查)   表 4-3-5

万用表连接	正常值
NE +(E3-33)或曲轴位置传感器(C7-1)—车身搭铁	10kΩ 或更大
NE +(E3-34)或曲轴位置传感器(C7-2)—车身搭铁	10kΩ 或更大

④检查线束和连接器(HV 控制 ECU-ECM)。

a. 断开 HV 控制 ECU 的 H12 连接器和 ECM E5 连接器,如图 4-3-7 所示。

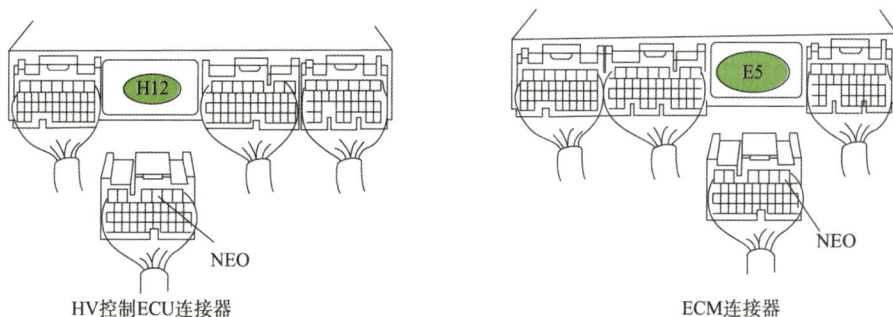

图 4-3-7 HV 控制 ECU 的 H12 连接器与 ECM E5 连接器端子图

b. 检查线束侧连接器间的电阻,正常值见表 4-3-6、表 4-3-7。

HV 控制 ECU H12 连接器与 ECM 的 E5 连接器线束标准(开路检查)   表 4-3-6

万用表连接	正常值
NEO +(H12-12)—NEO(E5-1)	<1Ω

HV 控制 ECU H12 连接器与 ECM 的 E5 连接器线束标准(短路检查)   表 4-3-7

万用表连接	正常值
NEO +(H12-12)或 NEO(E5-1)—车身搭铁	10kΩ 或更大

⑤重新检查并清除 DTC(混合动力控制)。

a. 进去诊断仪的 Powertrain/Hybrid Control/DTC 菜单。

b. 检查并记录 DTC、定格数据和信息。

c. 清除混合动力控制的 DTC。

⑥检查 READY 灯是否点亮。

a. 进入诊断仪的 Powertrain/Hybrid Control/Data List 菜单。

b. 读取发电机(MGI)转速和发动机转速数据。

c. 打开电源开关(READY),如果 READY 灯不亮,并且诊断仪上的读数显示为 DTC P0A90(HV 变速驱动桥输入故障),或 MGI 转动但发动机不运转,则更换混合动力电动汽车变速驱动桥总成。

⑦检查发动机转速是否增加。

a. 进入专用诊断仪的 Powertrain/Hybrid Control/Data List 菜单。

b. 读取发电机(MGI)转速和发动机转速数据。

c. 在 READY 灯点亮的情况下,在把变速器操纵杆置于 P 挡的同时,踩下加速踏板 10s。

如果发动机转速不增加,并且专用诊断仪的读数显示为 DTC P0A90(HV 变速驱动桥输入故障)或 MGI 转动但发动机不运转,则更换混合动力电动汽车变速驱动桥总成。

⑧检查车轮是否缓慢转动。

a. 打开电源开关(READY)。

b. 顶起车辆。

c. 踩下制动踏板,把变速器操纵杆移动到 D 挡,然后松开制动踏板。

如果车轮不转动,并且专用诊断仪的读数显示为 DTC P0A90(HV 变速驱动桥输入故障),则应更换混合动力电动汽车变速驱动总成。

以上检查均正常后,还需要考虑以下问题:

①检查什么原因导致了变速驱动桥和发动机的阻力在转动中变大。

②检查发动机润滑系统和变速驱动桥润滑系统。

③检查发动机冷却液和变速驱动桥冷却液。

④检查发动机本身和变速驱动桥本身是否有任何故障。

3)混合动力接触器断开的故障

(1)故障现状。仪表提示 HV 蓄电池故障,车辆不能起动。

(2)原因分析。

SMR(系统主继电器)根据 HV ECU 发出的请求连接或断开高压电源供电电路。为确保可靠的操作,它们由三个继电器组成(负极侧一个,正极侧两个)。SMR 原理图如图 4-3-8 所示。

连接时,SMR1 和 SMR3 先打开。接着,SMR2 打开及 SMR1 关闭。这个过程通过限制所允许流过电阻的额定电流值使电路免受高压大电流的冲击。断开时,SMR2 和 SMR3 依次关闭,HV ECU 检查继电器是否关闭。

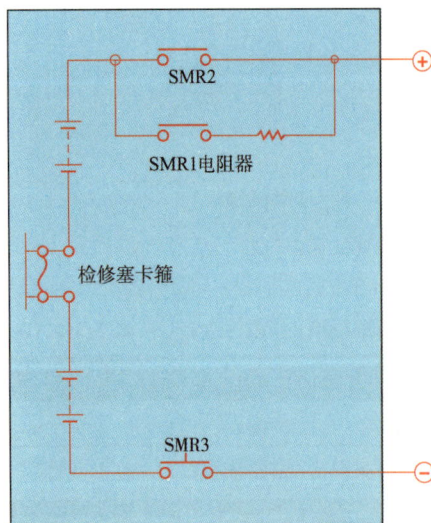

图 4-3-8 SMR 原理图

HV ECU 监测 SMR 通过 CON1、CON2 和 CON3 的正确操作来检查故障。图 4-3-9 所示是 SMR 控制电路图。

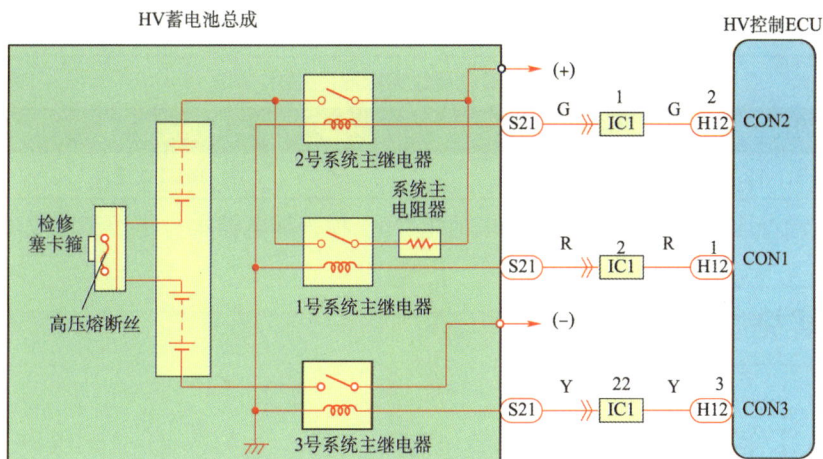

图 4-3-9　SMR 控制电路图

（3）诊断关键步骤及参数。

检查 HV 控制 ECU 与 1 号主继电器之间的连接器与线束。

💡 **注意：**

进行关闭电源开关、拆卸手动维修开关操作前须戴上绝缘手套。

①断开 HV 控制 ECU 的 H12 连接器（图 4-3-10）。

②断开 1 号 S21 系统主继电器连接器（图 4-3-11）。

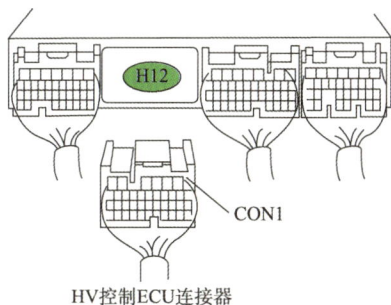

图 4-3-10　断开 HV 控制 ECU 的 H12 连接器

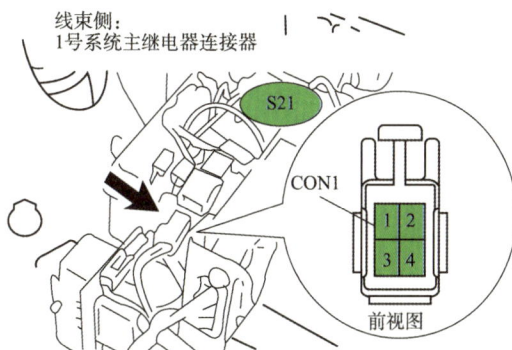

图 4-3-11　1 号系统主继电器连接器

③测量 HV 控制 ECU 连接器与车身搭铁端子间的电压，正常值见表 4-3-8。

HV 控制 ECU 连接器与车身搭铁端子间的电压　　　　　　　　　表 4-3-8

万用表连接	正　常　值
CON1（H12-1）—车身搭铁	<1V

④检查与测量线束侧连接器间的电阻，正常值见表 4-3-9 和表 4-3-10。

1号系统主继电器线束标准(开路检查)　　表4-3-9

万用表连接	正常值
CON1(H12-1)—CON1(S21-1)	<1Ω

1号系统主继电器线束标准(短路检查)　　表4-3-10

万用表连接	正常值
CON1(H12-1)或CON1(S21-1)—车身搭铁	10kΩ或更大

如以上检查均正常,需要继续拆卸电池组外壳,检查继电器本身是否存在故障。

任务实施

(一)工作准备

(1)防护装备:绝缘防护装备。

(2)车辆、台架、总成:丰田普锐斯,或同类混合动力电动汽车台架。

(3)专用工具、设备:普锐斯故障诊断仪,万用表。

(4)手工工具:组合工具。

(5)辅助材料:干净抹布,诊断与维修必要的熔断丝等耗材。

(二)实施步骤

⚠️ **警告:**

在执行高压车辆诊断及维护前,务必佩戴好的个人防护装备,并严格遵守正确的操作步骤!

1. 混合动力发动机和动力控制系统故障码读取与清除

💡 **注意:**

如果发动机或变速器驱动桥齿轮被卡住,或异物进入它们中的任意一个,则HV控制ECU就会检测到故障码并且起动安全保护控制。

混合动力电动汽车发动机如果出现不能正常起动等故障,应先进行故障码(DTC)读取和清除。

(1)将诊断仪连接到诊断座上。

(2)插入车辆钥匙,打开电源开关至IG挡。

(3)打开诊断仪,进入系统,点击"与车辆连接",选择"发动机和ECT",或

混合动力发动机
不能正常起动
故障的诊断

进入混合动力控制系统,读取故障码。

（4）检查并记录故障码、定格数据和信息（图4-3-12）。

（5）根据故障码内容检修后,清除故障码（图4-3-13）。

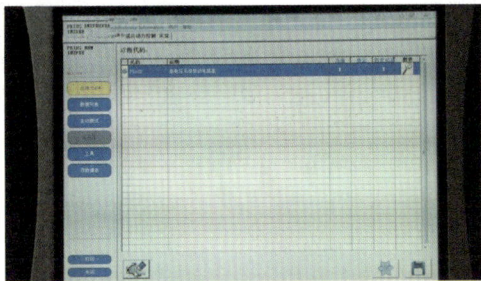

图4-3-12 检查并记录故障码、定格数据和信息

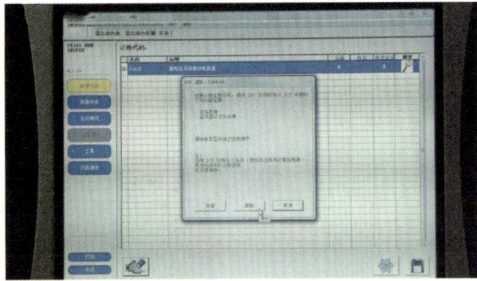

图4-3-13 检修后清除故障码

2. 曲轴位置传感器线路检测

（1）ECM到曲轴位置传感器之间的线束和连接器电路图如图4-3-14所示。

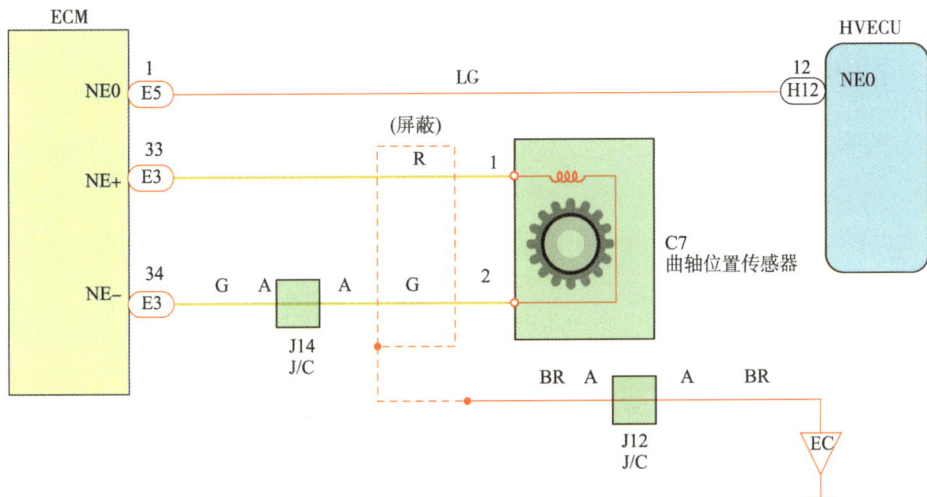

图4-3-14 ECM到曲轴位置传感器之间线束和连接器的电路图

（2）连接万用表,将黑色延长线插入COM端口,将红色延长线插入电压电阻测量端口。

（3）将万用表旋至欧姆挡,将两个探针相连,校准万用表。

（4）断开曲轴位置传感器连接器,将负极探针插入曲轴位置传感器1号针脚中（图4-3-15）。

（5）降下车辆。

（6）断开发动机ECM的E3连接器（图4-3-16）。

（7）将万用表正极探针插入ECM的E3连接器33号针脚中（图4-3-17）。

（8）测量曲轴位置传感器1号针脚到ECM的E3连接器33号针脚之间的电阻,阻值应小于1Ω（图4-3-18）。

（9）将负极探针插入曲轴位置传感器2号针脚中（图4-3-19）。

（10）将正极探针插入ECM的E3连接器34号针脚中（图4-3-20）。

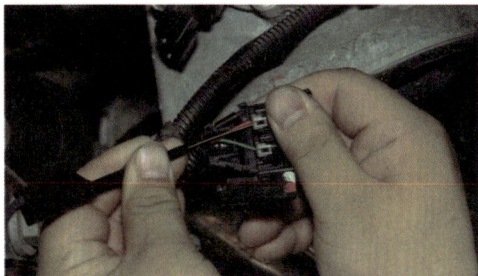

图 4-3-15　将负极探针插入曲轴位置传感器 1 号针脚中

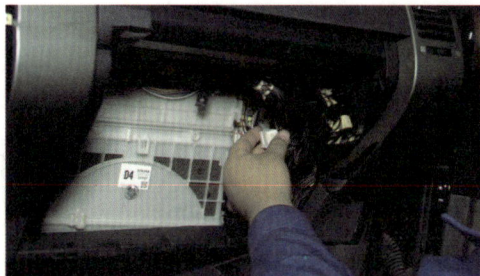

图 4-3-16　断开 E3 ECM 连接器

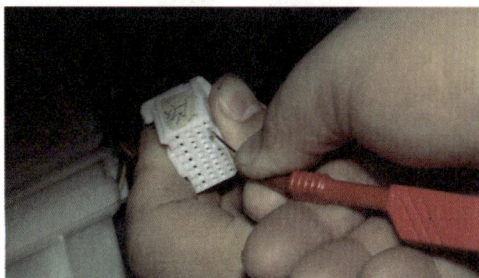

图 4-3-17　将正极探针插入 E3 ECM 的 33 号针脚中

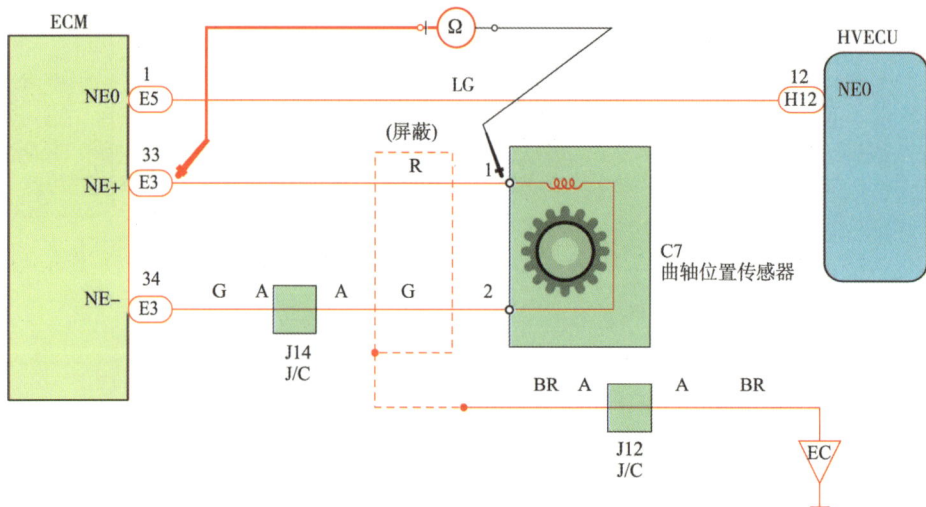

图 4-3-18　测量示意图

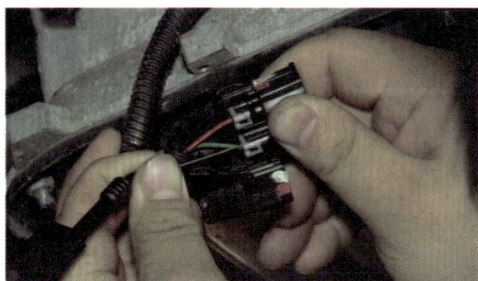

图 4-3-19　将负极探针插入曲轴位置传感器 2 号针脚中

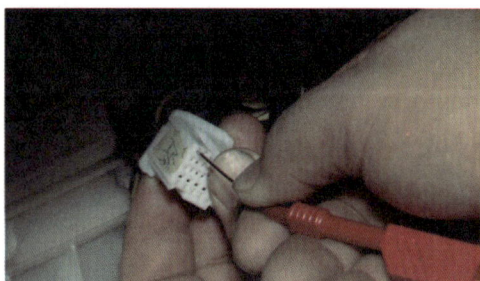

图 4-3-20　将正极探针插入 E3 ECM 的 34 号针脚中

（11）测量曲轴位置传感器 2 号针脚与 E3 ECM 的 34 号针脚之间的电阻,阻值应小于 1Ω(图 4-3-21)。

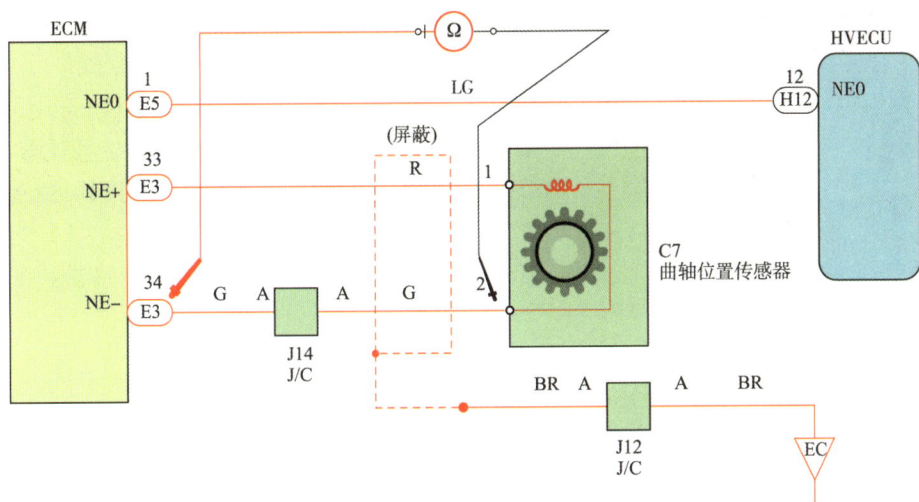

图 4-3-21　测量示意图

(12)将正极探针插入曲轴位置传感器 1 号针脚中(图 4-3-22)。

(13)将负极探针与车身搭铁(图 4-3-23)。

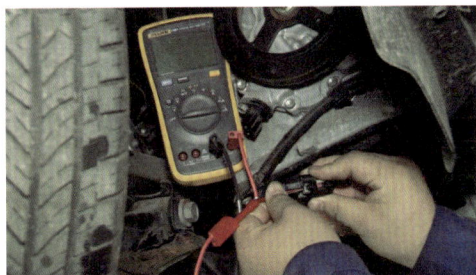

图 4-3-22　将正极探针插入曲轴位置传感器 1 号针脚中

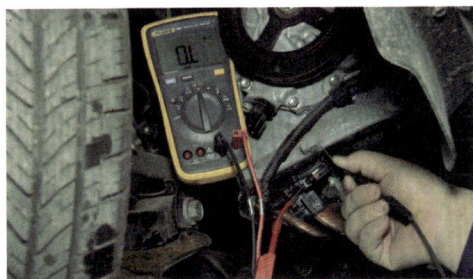

图 4-3-23　负极探针与车身搭铁

(14)测量曲轴位置传感器 1 号针脚与车身搭铁之间的电阻,阻值应大于 10kΩ 或更大(图 4-3-24)。

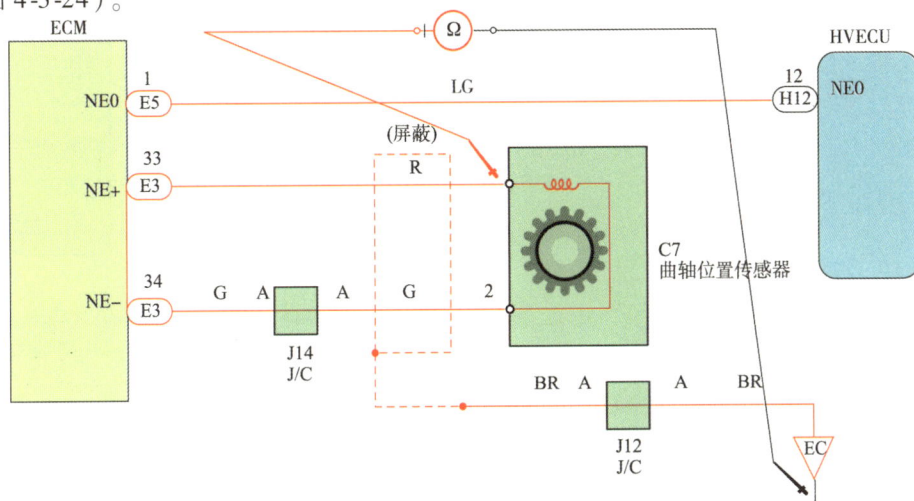

图 4-3-24　测量示意图

图 4-3-25 将正极探针插入曲轴位置传感器 2 号针脚中

（15）将正极探针插入曲轴位置传感器 2 号针脚中（图 4-3-25）。

（16）将负极探针与车体搭铁。

（17）测量曲轴位置传感器 2 号针脚与车身搭铁之间的电阻，阻值应大于 10kΩ 或更大（图 4-3-26）。

（18）重新连接曲轴位置传感器和 ECM 连接器。

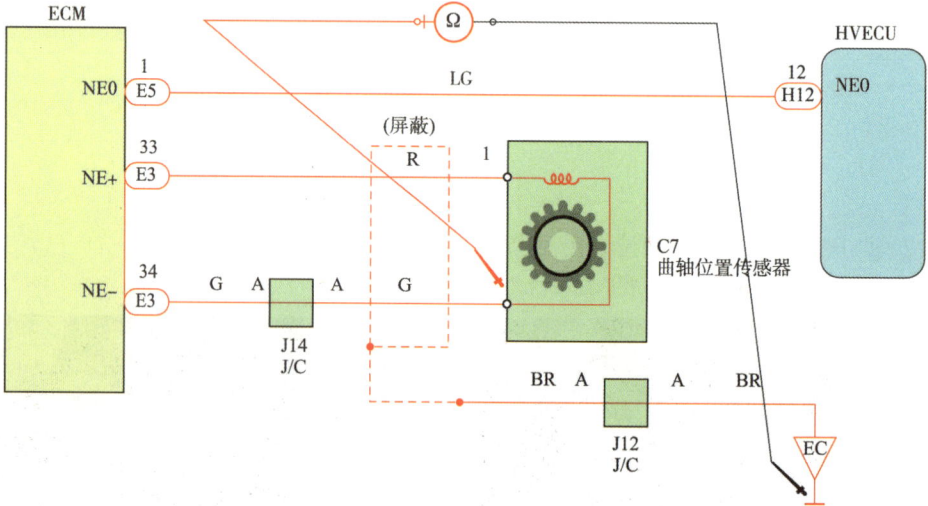

图 4-3-26 测量示意图

3. 混合动力 HV 控制 ECU 和发动机 ECM 线路检测

（1）混合动力 HV 控制 ECU 到发动机 ECM 之间的线束和连接器电路图如图 4-3-27 所示。

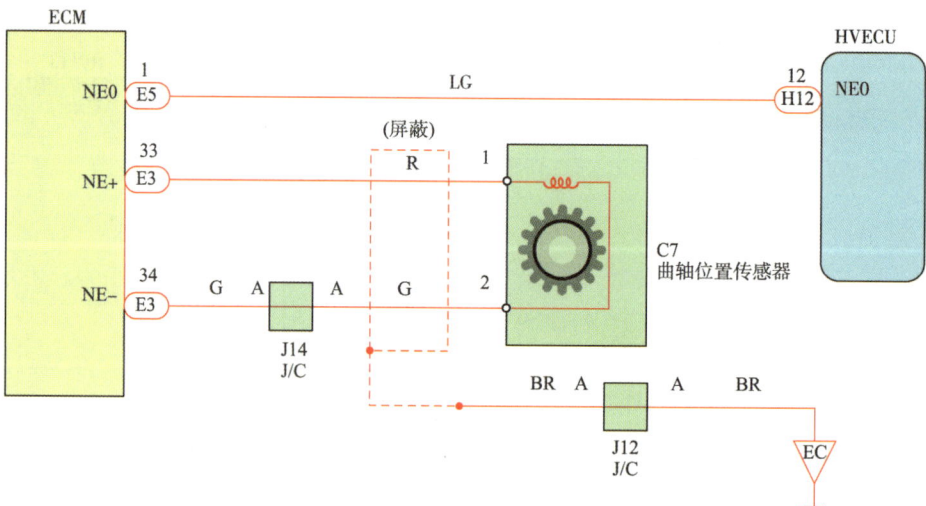

图 4-3-27 混合动力 HV 控制 ECU 到发动机 ECM 之间的线束和连接器电路图

（2）断开 HV 控制 ECU 的 H12 连接器（图 4-3-28）。

（3）断开发动机 ECM 的 E5 连接器（图 4-3-29）。

图 4-3-28　断开 H12 混合动力控制器 ECU 连接器

图 4-3-29　断开 E5 发动机 ECM 连接器

（4）将正极探针插入 HV 控制 ECU 的 H12 连接器 12 号针脚中（图 4-3-30）。

（5）将负极探针插入发动机 ECM 的 E5 连接器 1 号针脚中（图 4-3-31）。

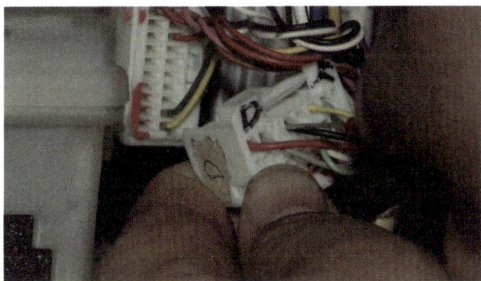

图 4-3-30　将正极探针插入 H12 混合动力控制器
　　　　　　 ECU 连接器 12 号针脚中

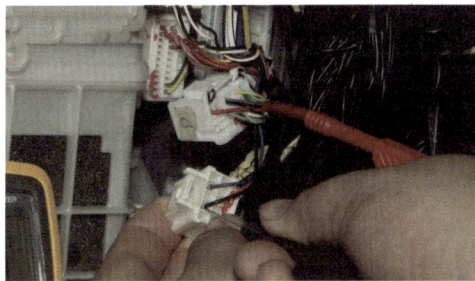

图 4-3-31　将负极探针插入 E5 发动机 ECM 的
　　　　　　 E5 连接器 1 号针脚中

（6）测量线束和连接器间的开路电阻，阻值应小于 1Ω（图 4-3-32、图 4-3-33）。

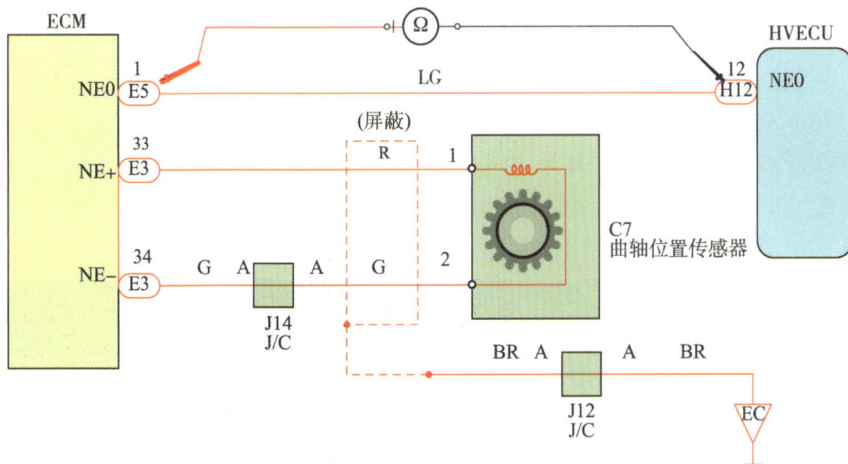

图 4-3-32　测量示意图

（7）将正极探针插入发动机 ECM 的 E5 连接器 1 号针脚中（图 4-3-34）。

（8）将负极探针搭铁。

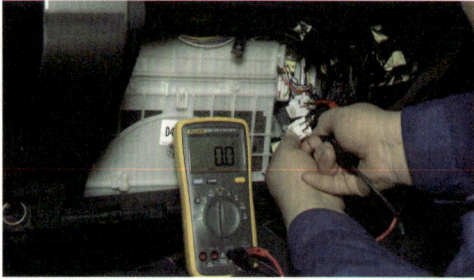

图 4-3-33　测量线束和连接器间的开路电阻

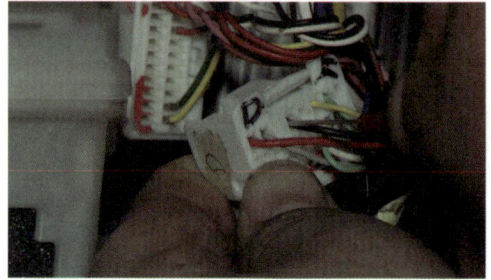

图 4-3-34　将正极探针插入 E5 发动机混合动力控制器连接器 1 号针脚中

（9）测量线束和连接器间的短路电阻，阻值应大于 10kΩ 或更大（图 4-3-35）。

（10）重新连接拆卸的连接器。

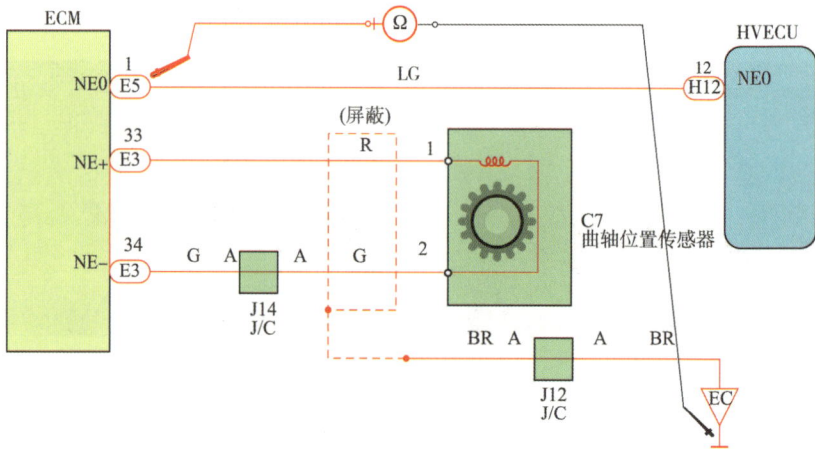

图 4-3-35　测量示意图

4.仪表 READY 灯发动机转速检测

（1）将诊断仪连接到诊断座上。

（2）打开电源开关到 IG 挡。

（3）打开诊断仪，点击"与车辆连接"，进入混合动力控制系统，读取数据流。

（4）读取发电机转速和发动机转速数据（图 4-3-36）。

（5）打开电源开关至仪表 READY 灯点亮（图 4-3-37）。

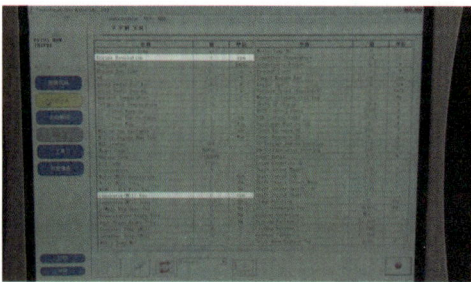

图 4-3-36　读取发电机转速和发动机转速数据

图 4-3-37　打开电源开关 READY 灯点亮

如果 READY 灯不亮,则进一步检查是组合仪表故障还是 HV 控制 ECU 故障。

(1)在 READY 灯点亮的情况下,把变速器操纵杆置于 P 挡的同时,踩下加速踏板 10s。

如果发动机转速不增加,并且诊断仪上显示 HV 变速驱动桥输入故障或 MGI 转动但发动机不运转,则更换混合动力电动汽车变速驱动桥总成。

(2)踩下制动踏板,把变速器操纵杆移动至 D 挡位置。

(3)当以高于 10km/h 的速度行驶时,完全踩下加速踏板以提高发动机转速。

(4)读取发电机转速和发动机转速数据(图 4-3-38)。

图 4-3-38　读取发电机转速和发动机转速数据

如果发动机转速过高,并且诊断仪上显示 HV 变速驱动桥输入故障,则应更换变速器输入阻尼器。

学习测试

1. 填空题

(1)丰田普锐斯混合动力控制系统的故障主要集中在_____系统、电机及变速驱动系统。

(2)丰田普锐斯中,如果发动机或变速器驱动桥齿轮被卡住,或异物进入它们中的任意一个中,则 HV 控制 ECU 就会检测到_____并且起动_____。

(3)SMR(系统主继电器)根据 HV 控制 ECU 发出的请求_____或_____高压电源

供电电路。

(4)导致接触器不能正常吸合的故障的原因,包括系统检测到_____、接触器_____等。

(5)曲轴位置传感器故障以及_____或_____故障,都可能造成发动机不能起动。

2. 判断题

(1)整车动力控制系统故障可能使高速运行的车辆降低运行功率。　　　　　　　(　　)

(2)曲轴位置传感器2号脚与车身搭铁之间的电阻应该为0。　　　　　　　　(　　)

(3)测量线束和连接器间的开路电阻,阻值应小于1Ω。　　　　　　　　　(　　)

(4)测量线束和连接器间的短路电阻,阻值应大于10kΩ或更大。　　　　　　(　　)

(5)HV控制ECU监测SMR通过CON1、CON2和CON3的正确操作来检查故障。

(　　)

3. 单项选择题

(1)接触器不能正常吸合的原因有(　　)。

　　A. 系统检测到绝缘故障　　　　　　　　B. 接触器本身烧蚀

　　C. 电路断路　　　　　　　　　　　　D. 以上都是

(2)丰田普锐斯曲轴位置传感器有(　　)接脚。

　　A. 2个　　　　　　B. 3个　　　　　　C. 4个　　　　　　D. 5个

(3)以下可能造成混合动力电动汽车发动机不能起动的原因是?(　　)

　　A. 曲轴位置传感器故障

　　B. 发动机ECM或HV控制ECU故障

　　C. SMR继电器损坏

　　D. 以上都是

(4)HV控制ECU电源熔断丝位于(　　)。

　　A. 发动机舱熔断丝盒　　　　　　　　B. 高压电池组内部

　　C. 仪表板熔断丝盒　　　　　　　　　D. 单独设计,位于模块旁边

(5)如果发动机转速过高,并且诊断仪上显示HV变速驱动桥输入故障,则应更换(　　)。

　　A. 发动机ECM　　　　　　　　　　B. HV控制ECU

　　C. 变速器输入阻尼器　　　　　　　　D. HV蓄电池

参 考 文 献

[1] 北汽新能源汽车公司.E150EV 维修手册[Z].2013.

[2] 北汽新能源汽车公司.E150EV、E160EV 培训课件/技术资料[Z].2013-2016.

[3] 比亚迪汽车公司.比亚迪秦维修手册[Z].2013.

[4] 比亚迪汽车公司.比亚迪秦培训课件/技术资料[Z].2013-2016.

[5] 比亚迪汽车公司.比亚迪 E6 培训课件/技术资料[Z].2013-2016.

[6] 丰田汽车公司.普锐斯维修手册[Z].2006.

[7] 丰田汽车公司.普锐斯培训课件[Z].2005-2006.

[8] 上汽公司.荣威 E50 维修手册[Z].2012.

[9] 上汽公司.荣威 E50/550 培训课件/技术资料[Z].2012-2016.

[10] 吴荣辉.新能源汽车结构原理与检修[M].北京:机械工业出版社,2021.